Contino Editori

Saggi

I edizione Contino Editori 2014

ISBN : 978-88-99049-06-5

Boris Vian e la cultura del Novecento

Gloria Sgherri Esposto

Introduzione

Boris Vian: romanziere, poeta, cantante, musicista, drammaturgo, critico musicale, patafisico, ingegnere, sceneggiatore, pittore e molto altro ancora. Osteggiato dalla critica francese degli anni '40 e '50 per la sua eccentricità, accusato di pornografia in seguito alla pubblicazione del libro *J'irai cracher sur vos tombes*, scritto sotto pseudonimo, del quale dovette poi riconoscere la paternità, osannato dalla generazione sessantottina per l'antimilitarismo dichiarato nella canzone *Le Déserteur*, traduttore di Raymond Chandler, diffusore e promotore del genere *noir* in Francia. Una personalità poliedrica e proteiforme, per questo assolutamente moderna: tutto questo era Boris Vian. Eppure ancora non bastano le definizioni. Vian era un universo in continua espansione, un uomo la cui attività sfuggiva e sfugge a qualsiasi tipo di cristallizzazione. Molto spesso questa sua versatilità gli valse l'accusa di dilettantismo ma Vian, in realtà, è un autore difficile e complesso proprio in nome della sua costitutiva poetica della "devianza". La deviazione come cifra costitutiva della scrittura vianiana, l'unico valore assoluto ammesso nel Novecento che si configura come un secolo essenzialmente in crisi. In questo mondo, i cui assunti sono stati frantumati dal succedersi di grandi rivoluzioni e tragedie quali i conflitti mondiali, la scoperta dell'inconscio, la teoria della relatività, le ceneri della filosofia di Nietzsche e lo svilupparsi di quella di Heiddeger, Boris Vian si fa portavoce di questa perdita di senso. Estraneo ad ogni movimento o scuola rappresenta un caso isolato nella cultura dell'epoca, originale, e per questo suscettibile di molteplici interpretazioni. Si potrebbe dire, utilizzando delle categorie pirandelliane, che nelle opere di Vian la Vita viene lasciata fluire al di fuori della Forma e, forse, le problematiche che la sua scrittura comporta, derivano proprio da questo assoluto e irreversibile non-conformismo. Questo mi pare soprattutto essere un aspetto sul quale vale la pena di soffermarsi. Infatti, per troppo tempo il nome di Boris Vian è stato semplicisticamente ascritto alla corrente dell'esistenzialismo, errore probabilmente imputabile ad una lettura superficiale dell'autore.

Inutile dire che la collaborazione di questi con *Les Temps Modernes*, il controverso rapporto con Jean-Paul Sartre e Simone de Beauvoir e il contesto storico-culturale in cui le sue opere sono nate abbiano suggerito e sembrato legittimare questa categorizzazione. Ciò che dunque mi propongo di mettere in luce sono quegli aspetti che fanno della letteratura di Vian un caso emblematico di alterità. Se Vian non può essere fatto rientrare nell'esistenzialismo non è a causa dei limiti della sua scrittura, quanto, piuttosto, per la sua connaturata insofferenza verso ogni tipo di restrizione e limitazione. Surrealista? Esistenzialista? Precursore del Nouveau Roman? Niente di tutto ciò e forse tutto, allo stesso tempo. In ogni singola creazione di Vian si ha la sensazione di un "troppo pieno", di saturazione, quasi fosse essa stessa un universo claustrofobico dal quale non è possibile evadere e per questo perfettamente intelligibile. Ma poi, nel momento in cui ci si trova a dover tirare le somme, ci si rende conto che si è al cospetto di un "troppo vuoto", come è logico che sia: Vian ci è già sfuggito. Le sue opere non sono che costruzioni minuziose e meticolose che il lettore si vede, pian piano, frantumare sotto i suoi occhi, pagina dopo pagina e che, quindi, è impossibile afferrare. D'altronde la mania della comprensione che egli ha sempre imputato ai critici non faceva parte della sua persona né voleva intaccasse la sua opera, come era egli stesso a dire:

> « On ne peut pas apprendre qui était un tel. On ne peut pas étudier sa vie, son milieu social. Son environnement. On peut rechercher les influences subies par lui. On peut finalement comprendre pourquoi il a fait telle ou telle œuvre. Car on ne comprend pas une œuvre, Marcassin de mon cœur, on comprend l'homme qui l'a faite, et il faut d'abord, je crains, s'intéresser à l'œuvre, ce qui vous donne le goût de connaître l'homme ».[1]

Alla luce di tutto ciò mi pare dunque che ogni tentativo di etichettare Boris Vian sia di rilevanza secondaria rispetto al peso delle sue opere e, soprattutto, rischi di inquinarle. Sarà dunque dal testo che

---

[1] B. Vian, in "Jazz-Hot", n° 82, novembre 1953, p. 37, cit. in M. Rybalka, *Boris Vian: essai d'interprétation et de documentation*, Lettres modernes, Paris, 1969, p. 15.

occorrerà partire per tentare di intravedere cosa precede la parola poetica. Partendo dalla dichiarazione non-esistenzialista di Boris Vian "Pour moi, il n'y a pas d'essence" si tenterà di dimostrare come le sue opere, così aperte e dispersive, si prestino a letture moderne. Ovviamente il Novecento fornirà gli strumenti per questo tipo di indagine e il metodo adottato sarà quello comparatistico. Gli spunti saranno disparati e proverranno da diverse discipline e svariati contesti ma, come si vedrà, saranno tutti ugualmente validi, a testimonianza della grande eterogeneità dell'universo vianiano.

Il primo capitolo, volendo essere una contestualizzazione storico-culturale dell'autore e della sua opera, si propone di affrontare il rapporto dell'autore con l'esistenzialismo e in particolare con Sartre, ponendo però l'accento su quegli elementi che non permettono l'assimilazione di Vian a questa categoria. Se Sartre si sforzerà, mediante il mezzo della scrittura, di colmare il vuoto dell'esistenza ricercando quell'"essere" del quale l'uomo si sente mutilato, Vian al contrario porterà all'esasperazione la presenza di questo vuoto informe e polivalente, denunciando la vanità di ogni azione riempitiva. Quello di Sartre, almeno del periodo del dopoguerra, sarà un volontarismo che si scontrerà con il pessimismo latente dell'opera del nostro, esorcizzato mediante la tagliente arma dell'assurdo. Da ciò emergerà che se l'intellettuale esistenzialista si cala nella Storia per rivenirvi delle strutture significanti universali, Vian fuggirà la Storia, la ometterà, preoccupato solo di non sporcarsi le mani e di compromettere il suo unico credo: l'individualismo. Conseguentemente i testi ci forniranno due modi antitetici di far letteratura e di concepirla, constatazioni che ad una lettura puntuale non possono sfuggire e che drasticamente invalidano ogni tipo di interpretazione di Vian attraverso l'opera sartriana. Certo, delle suggestioni comuni esistono ed è bene che si mostrino, ma queste non sono lontanamente sufficienti ad esaurire la persona del nostro autore e, principalmente, la sua letteratura. Vian travalica l'esistenzialismo, forse inconsapevolmente, vittima della sua ansia di liberazione, forse, invece, soltanto precursore e prefiguratore di tempi. I tre capitoli che seguono si impegnano dunque ad indagare la sua opera con l'ausilio di tre grandi discipline e filoni del pensiero novecentesco, rispettivamente: la psicanalisi junghiana, la filosofia del linguaggio e la geocritica.

Il secondo capitolo sarà così volto a dimostrare come i quattro romanzi di Boris Vian, *La schiuma dei giorni*, *L'autunno a Pechino*, *Lo strappacuore* e *L'erba rossa*, siano suscettibili d'interpretazione in tal senso. Si procederà per simboli ed allegorie, giacché Vian evoca, suggerisce, ma mai esplica. Tante sono le figure che possono essere ricondotte alla lezione di Jung e, mediante questa, decifrate. Allo stesso modo la "psicocritica" si rivela utile per rilevare alcuni paradigmi centrali nella scrittura dell'autore, primo tra tutti quello del doppio. Anche se Vian si scaglia contro la psicanalisi ciò non permette di negare come in realtà i suoi romanzi siano costruiti attorno alla profondità psicologica dei protagonisti. Il caso limite è costituito da *L'erba rossa*, romanzo psicanalitico sulla psicanalisi, e che Vian considerava la sua autoanalisi; di qui la sua categorica negazione dell'utilità degli specialisti della mente, poiché, la scrittura, fa tutto da sola. L'arte come autoanalisi non è una novità, ci dice Mauron[2].

Il terzo capitolo si occuperà invece delle problematiche del linguaggio poste dalla scrittura di Boris Vian. Un'analisi di questo tipo non potrà astenersi dal confronto con l'autorità del fondatore della filosofia del linguaggio: Ludwig Wittgenstein. L'operazione portata avanti da Vian mi pare essere la ricerca di un nuovo linguaggio che possa sopperire alle insufficienze e alle mancanze di quello corrente. A ciò è dunque sottesa l'essenziale sfiducia nel linguaggio corrente nel dare conto del reale. Una soluzione a questa limitazione ed impotenza linguistica sarà data, al nostro autore, dalle teorie del padre della semantica generale: Alfred Korzybski. La semantica generale mostra la crisi definitiva del sistema linguistico, già minato e smantellato dalle fondamenta da Wittgenstein, e si adopera ad individuare degli strumenti in grado, per lo meno, di superare le ambiguità e le ingenuità della lingua. Di fronte all'impossibilità di esaurire tutte le soluzioni possibili e dunque di

---

[2] C. Mauron, *Dalle metafore ossessive al mito personale: introduzione alla psicocritica*, Il Saggiatore, Milano, 1966, p. 304.

pervenire ad una Verità univoca, Vian scrive sulla scrittura, mostrandoci come sia ridicolo l'uomo che cade vittima dei giochi linguistici. Importanza capitale, a questo proposito, è assunta dal dramma teatrale *I costruttori di imperi*, ma non ci si esimerà dal mostrare come certe riflessioni fossero intrinseche alla scrittura di Vian, già prima del suo incontro con le teorie di Korzybski.

Infine, nel quarto capitolo, proporrò un'analisi delle categorie di Tempo e Spazio, mediante il sussidio della geocritica. Ci si accorge immediatamente della particolarità del mondo di Boris Vian, del suo universo parallelo, vero e proprio specchio deformante che, riflettendo il reale, ne riconsegna un'immagine che lo spinge, a sua volta, a riflettere su se stesso. È dunque chiaro che queste deformazioni non sono mai vane, quanto piuttosto finalizzate a criticare ciò che nel mondo comune si vuole contestare. Tempo e Spazio, come la post-modernità ci ha insegnato, si fanno strutture significanti del discorso. La scrittura stessa crea degli spazi, e Vian ne era perfettamente consapevole, riprovando la sua precognizione.

Mi pare, infine, utile citare le parole che Raymond Queneau utilizzò, con lungimiranza, per parlare di Boris Vian:

> Boris Vian è una persona istruita ed educata, viene fuori dal Politecnico, hai detto niente, ma non è tutto:
> Boris Vian ha suonato la trombina come nessun altro, e ha contribuito a rinnovare le Caves di Francia; ha difeso lo stile New-Orleans, ma non è tutto:
> Boris Vian ha difeso anche il be-bop, ma non è tutto:
> Boris Vian ha affrontato la giustizia degli umani per aver scritto *Sputerò sulle vostre tombe*, con il nome di Vernon Sullivan, ma non è tutto:
> Boris Vian ha scritto altri tre pseudoepigrafi, ma non è tutto:
> Boris Vian ha tradotto dei veri scritti americani assolutamente autentici, e anche con difficoltà linguistiche da non credersi, ma non è tutto:
> Boris Vian ha scritto un dramma teatrale, *Lo squartamento per tutti*, che è stato recitato da attori veri su un

palcoscenico vero, però questo non gli ha impedito di darci dentro di brutto, ma non è tutto:

Boris Vian è tra i fondatori di una delle società più segrete di Parigi, il Club dei Sapienturieri, ma non è tutto:

Boris Vian ha scritto alcuni bei libri, strani e patetici, *La schiuma dei giorni*, il più straziante fra i romanzi d'amore contemporanei: *Le formiche*, il più termitante fra i racconti di guerra: *L'autunno a Pechino*, opera difficile e sconosciuta, ma non è tutto:

Perché tutto questo non è ancora niente: Boris Vian si prepara a diventare Boris Vian.[3]

"Boris Vian si prepara a diventare Boris Vian": è in quest'ultima frase che risiede il riconoscimento dell'innegabile modernità implicita all'autore che gli anni a venire avrebbero svelato. Il mio lavoro, lungi dall'essere una decodificazione, non vuole pervenire ad installare significati definitivi; le opere di Vian dovrebbero rimanere un *mistero*, una magia la cui bellezza risiede proprio nella loro *in-soluzione*, nel loro silenzio. E, di conseguenza, le mie osservazioni vogliono essere lette come denunce della continua apertura della scrittura di Vian su spazi impensabili e apparentemente inconciliabili tra loro, dimostrando che esiste una coerenza interna nella letteratura di Vian e che tale coerenza si trova al di fuori dell'esistenzialismo.

---

[3] R. Queneau, introduzione, in B. Vian, *Lo strappacuore*, Marcos y Marcos, Milano, 1993, pp. 7-8.

I

Boris Vian nella Parigi degli Esistenzialisti

Sono nato, casualmente, il dieci marzo 1920 sulla porta di una clinica ostetrica che era chiusa per uno sciopero contro il calo delle nascite. Mia madre era rimasta incinta non ricordo se per via delle opere o proprio per opera di Paul Claudel (da quel tempo non lo reggo e non lo leggo), comunque la mamma era al tredicesimo mese e non poteva certo aspettare il concordato. Un prete, un sant'uomo, che passava di lì, mi raccolse e immediatamente mi riposò: in effetti pesavo un casino! (è da allora che soffro della mia ben nota aspersoriofobia). Fortunatamente una lupa affamata, che aveva appena dato alla luce Pierre Hervé (ho, quindi, esattamente la sua stessa età, cosa in perfetto accordo con le teorie di Einstein relative alla simultaneità), la lupa mi prese sotto la sua protezione e mi diede qualcosa da bere. Crescevo in forza e saggezza ma rimanevo molto brutto perché adornato da un sistema pilifero discontinuo, ma sempre molto, molto sviluppato. Infatti avevo la testa della Vittoria di Samotracia. A sette anni, entrai nella Scuola Centrale e ne uscii tre anni più tardi, nel 1942, completamente fuori di testa per l'idrodinamica del corso del sig. Begeron.
Certo allora non prevedevo che dodici anni dopo, nel 1946...
Ma non anticipiamo i fatti.

Nel 1938 cominciai a studiare la trombetta a rosolio e immediatamente raggiunsi il livello di Armstrong, la mollai subito per non privare il poveretto della pagnotta: a causa dei soliti pregiudizi razziali ero avvantaggiato, la mia pigmentazione verde offriva un effetto piacevole.

Poi, tutt'a un tratto, la mia fisionomia prese a trasformarsi e mi misi ad assomigliare a Boris Vian, da ciò il mio nome.

Senza entrare nei dettagli, vi segnalo che in epoca indeterminata della mia vita sono stato tre anni e mezzo rinchiuso all'Associazione Francese di Normalizzazione, distrutta, in seguito, da un incendio provocato dalle cure di Jaques Lemarchand, nascosto tra due parentesi.

Raymond Queneau mi incontrò mentre pescavo con la lenza, sport che per altro non pratico, e sedotto dal mio drive mi propose una battuta di caccia. Cosa che feci. Il resto appartiene alla storia. Sono un metro e ottantasei a piedi nudi e peso molto e metto al primo posto le opere di Alfred Jarry, la fornicazione, *Un Rude Hiver* e la mia beneamata sposa. Non dimentico, anche se vengono dopo: la musica di New Orleans, Duke Ellington, Lana Turner, Ann Sheridan, le sinfonie del Commodoro W. Spotlight per doppia campana e petroletta d'armonia, la pittura ad olio che pratico con felicità rara, i baffoni del mio venerato Jean Rostand. Le ragazze dei Jazz-Club universitari (soprattutto quella bionda col vestito verde... va beh, lasciamo stare). Mi piace anche il Two-Beat (e questa non è un'allusione sessuale) e anche la Mere [*sic*!] Chaput. Detesto Paul Claudel (l'ho già detto, ma è piacevole ripeterlo ed è per questo che non ho mai letto nulla di suo), aborrisco anche le Grand Meaulnes, Alain (non mio fratello, che è un tipo completamente fuori), Peguy, il violoncello jazz come lo suonano i francesi, le opere di immaginazione, le bugie, gli apparecchi di piccolo formato, Ivan il Terribile, Leonard Father, Edgar Jackson, Le Dictateur, Dumont d'Urville (esagero. In fondo non me ne frega niente di lui). Odio anche: Monsigneur Suhard e il papa. Barbotin, mi piace molto. Invece non mi piace il davanti piatto (questo nelle donne), poi l'invidia e la merda, salvo quando sono ben preparate. Inoltre sto cercando un appartamento di cinque stanze con tutti i confort. Ho avuto una vita movimentata e sono pronto a ricominciare!!![4]

Boris Vian nelle parole di Boris Vian: qualche sommaria notizia biografica, le sue passioni, l'insofferenza per Claudel, il rapporto complesso con la religione ma soprattutto l'amore e il jazz; ecco chi era Boris Vian. Ma Boris Vian è stato soprattutto le sue opere, la sua produzione sterminata e disparata, uno scrittore misconosciuto e non apprezzato dalla critica del tempo, soppiantato dal successo, per lui inaspettato, di Vernon Sullivan, il suo *alter ego* che oscurò il suo nome e gli valse l'indelebile etichetta di "pornografo". Vastissima è la produzione di Boris Vian, che, quasi spinto da una febbrile urgenza di scrittura, in soli trentanove anni di vita ci consegna un'infinità di canzoni, di poesie, scritti critici, testi teatrali, dieci romanzi, inclusi i quattro ascrivibili al genere *hard-boiled*, traduzioni dall'inglese, tra cui è bene citare quelle di *Les mondes des A* ~ di Van Vogt (1958), *Le grand sommeil* e *La dame du lac* (entrambi del 1948) di Raymond Chandler. Durante la sua vita Vian si vide pubblicare soltanto cinque dei suoi romanzi firmati come Boris Vian e, precisamente, *Vercoquin et le Plancton* (1946), *L'écume des jours* (1947), *L'automne a Pékin* (1947), *L'herbe rouge* (1950) e *L'arrache-cœur* (1953). Le vicende editoriali non furono felici, dal momento che, dopo l'insuccesso de *La schiuma dei giorni*, l'editore Gallimard si rifiutò di pubblicare *L'autunno a Pechino*, che venne però accettato dalla casa editrice alternativa Éditions du Scorpion, la quale aveva già coraggiosamente messo in commercio *J'irai cracher sur vos tombes* di Sullivan, nel 1946. La risposta del pubblico a *L'autunno a Pechino* fu ancor più fredda e disinteressata rispetto a *La schiuma dei giorni* e, complice lo scandalo scoppiato intorno al caso Vernon Sullivan, i romanzi seguenti doverono attendere il 1950 e il 1953 per vedere la luce. Come Vian stesso ha ricordato nella sua *Autopresentazione*, Raymond Queneau fu uno dei suoi primi

---

[4] B. Vian, *Autopresentazione*, in Id., *Il lupo mannaro*, Marcos y Marcos, Milano, 1994, pp. 5-7.

estimatori, insieme a Sartre. Non è possibile infatti tentare di contestualizzare l'opera letteraria di Boris Vian tacendo l'immediato ed automatico parallelo che si viene ad instaurare con colui che fu, in quegli anni, il maggiore filosofo e teorizzatore dell'esistenzialismo francese: Jean-Paul Sartre.

Parigi, anni '40. Sartre è l'intellettuale di maggior rilievo nella scena parigina, con alle spalle pubblicazioni di grande eco e risonanza nel panorama letterario: *La nausea* (1938), *L'Être et le Néant* (1943), teorizzazione filosofica dell'esistenzialismo, e i due drammi *Les mouches* (1943) e *Huis clos* (1944), trasposizioni teatrali di tale dottrina. L'incontro di Vian con Sartre avvenne nel 1946, allorchè il nostro iniziò a dirigere la Cronique du Menteur ne *Les Temps Modernes*, appunto la rivista affidata alla direzione di Sartre e di Simone de Beauvoir, tra gli altri. *Les Temps Modernes* pubblicò per prima alcuni frammenti de *L'écume des jours*, e di qui la prima e semplicistica assimilazione di Vian al gruppo di intellettuali che gravitava intorno alla figura di Sartre.

Ma Vian si distinse subito dall'inclinazione e dall'orientamento esistenzialista, professando, come unico credo, uno spiccato individualismo e una certa originalità; questo atteggiamento gli valse il riduttivo appellativo di "enfant terrible de l'existentialisme"[5]. Vian ci ha lasciato un preciso e lucido quadro sulla situazione culturale parigina di quegli anni, della quale egli stesso fu protagonista, nel suo *La Parigi degli esistenzialisti; Manuale di Saint-Germain-des-Prés*, progetto commissionatogli nel 1949 da Henri Pellettier, responsabile delle *Guide Verdi* alla città per le edizioni Tutaine, poi abbandonato nel 1950 in seguito al processo per *Sputerò sulle vostre tombe* e alle difficoltà della casa editrice, le cui bozze apparvero perdute fino a che, negli anni '70, Arnaud si adoperò per ritrovarle e le diede alle stampe nel 1974.[6]

---

[5] R. Kanters, in "La gazette des Lettres", 1° febbraio 1947, cit. in M. Rybalka, *Boris Vian: essai d'interprétation et de documentation*, Lettres modernes, Paris, 1969, p. 83.
[6] Cfr. D. Galateria, *L'invenzione di Saint-Germain-des-Prés*, in B. Vian, *La Parigi degli esistenzialisti; Manuale di Saint-Germain-des-Prés*, Editori Riuniti, Roma, 1998, p. 34-36.

Gli anni dell'esistenzialismo, si diceva, eletto a nuova religione del tempo, tanto che si può notare come sia stata l'unica corrente filosofica a dar vita ad un vero e proprio clima culturale. Nella Francia di quegli anni i critici letterari si scagliano contro la nuova dottrina, sorta dalle ceneri del pensiero filosofico di Kierkegaard, primo ad aver posto al centro della propria riflessione il concetto di esistenza umana, a causa del suo orientamento nichilista, almeno come appare nella formulazione del primo Sartre, il quale non fa altro che mettere in luce la limitatezza dell'uomo, indagare la sua esistenza che si configura non più come pienezza dell'essere bensì "*ricerca* dell'essere"[7]. Ne consegue, dunque, che l'uomo non sia altri che un essere in sé mancato:

> Che la realtà umana sia nullificazione, mancanza d'essere, è già dimostrato a sufficienza dal *desiderio*: questo non si spiega se non come una mancanza propria dell'essere che desidera, cioè come un bisogno di completamento. Col riferimento alla coscienza, la stessa realtà oggettiva (l'essere in sé) è affetta dalla mancanza e si nullifica essa stessa.[8]

Emergono i due termini entro i quali si sviluppa il pensiero esistenzialista sartriano: l'essenza e la sua relazione con l'esistenza, ovvero l'assoluto e il suo rivelarsi nel contingente;

> L'uomo cerca in ogni caso un appagamento, un completamento, una stabilità che gli mancano. Cerca l'essere. Questa condizione è caratteristica della sua finitudine. Se egli cerca l'essere, *non* lo possiede, *non* è, lui, l'esssere.[9]

Ne consegue che l'essere non è prerogativa dell'uomo che, come ci dice Sartre, è perennemente volto allo scacco a causa della sua impossibilità di autorealizzazione. Ora, se l'uomo non ha più scopi, la sua esistenza rimane priva di senso e di qui il sentimento della

---

[7] G. Fornero; S. Tassinari, *Le filosofie del Novecento*, Mondadori, Milano, 2002, p. 639.

[8] N. Abbagnano, *Storia della filosofia*, UTET, Torino, 1993, p. 906.

[9] N. Abbagnano, *Scritti esistenzialisti*, UTET, Torino, 1988, p. 503.

nausea che coglie l'umanità, sintetizzatosi in Antonio Roquentin, protagonista dell'omonimo romanzo.

La Nausea è l'Esistenza che si svela – e non è bella a vedersi, l'Esistenza [...][10],

e non è bella perché essa si rivela in tutta la sua mancanza, in tutta la sua incompletezza, dal momento che le cose al cospetto del soggetto si destrutturano, perdono il significato razionalmente rassicurante che si era attribuito loro, rivelano la loro gratuità, la loro nuda contingenza[11], disgustando per quella loro saturazione di oggettività.

In questo substrato culturale si inserisce, almeno cronologicamente, l'opera di Boris Vian, anche se è bene precisare che l'incontro vero e proprio di Vian con Sartre avviene a ridosso della svolta del pensiero sartriano, che, nell'immediato dopoguerra, si orienta politicamente a favore di un *engagement* letterario. Nascono quindi a questo punto le prime evidenti e salienti differenze tra i due autori, e nell'idea di fare letteratura e nel modo di concepire l'uomo, pur partendo entrambi dall'assunto pessimistico dell'insensatezza generale della vita e della finitudine umana. L'idea della morte, infatti, è il *leitmotiv* sotteso alla produzione di Vian, esorcizzato mediante il ricorso all'assurdo e all'umorismo. A mio avviso, infatti, è consono parlare di umorismo vianiano piuttosto che di comicità, dacché, come Pirandello aveva già ben posto in evidenza, l'umorismo deriva dal *sentimento del contrario*, scaturito da una previa riflessione sulla tragicità dell'esperienza[12]. Quindi angoscia esistenzialista da un lato e rifiuto dell'esistenzialismo dall'altro, ponendosi al di fuori del cammino verso l'essenza, dal momento che, come più volte Vian si è preoccupato di ribadire:

---

[10] J. P. Sartre, soffietto per la prima edizione de *La nausée*, cit. in Id. *La nausea*, Einaudi, Torino, 1948, p. 5.
[11] Cfr. N. Abbagnano, *Storia della filosofia*, op. cit., pp. 692-695.
[12] Cfr. L. Pirandello, *L'umorismo e altri saggi*, Giunti, Firenze, 1994.

Je ne suis pas existentialiste. En effet, pour un existentialiste, l'existence précède l'essence. Pour moi, il n'y a pas d'essence.[13]

E la mancanza di essenza è denunciata in tutti i romanzi di Vian, in tutte le sue poesie e in tutte le sue opere, solo che, a differenza di Sartre e dei suoi figli, Vian non se ne cura, non si preoccupa di dare un senso assoluto alle infinite conformazioni accidentali che il mondo e l'esistenza assumono. E qui mi pare risieda la differenza sostanziale tra Vian e Sartre, differenza di pensiero che inevitabilmente investe il concetto di letteratura stesso;

[...] a Sartre interessa capire il mondo, strappare un senso alle cose della vita[14],

mentre, secondo Vian, al contrario,

La question ne se pose pas. Elle en est absolument incapable ; il y a trop de vent.[15]

Vian pare riprendere il motto di Duchamp, il quale diceva che non esistono problemi, dal momento che non esistono soluzioni[16] e, probabilmente, la linea di congiunzione tra i due è costituita dalla Patafisica. Come la biografia di Vian ci ha insegnato, sappiamo che l'autore si avvicinò alla "scienza delle soluzioni immaginarie"[17] all'inizio degli anni '50, alla stregua dell'insuccesso dei suoi primi romanzi. Poi nel 1952 Vian entrerà ufficialmente nel Collegio di Patafisica, diventandone presto uno dei membri più attivi. Possiamo senza dubbio affermare, dunque, che se Vian s'identificò mai in una corrente, questa fu senza alcun dubbio quella della Patafisica. Peculiarità della Patafisica è poi l'attenzione rivolta al caso particolare piuttosto che al generale e non si può negare che Boris Vian fu maestro in questo. Nei romanzi posteriori al 1950 la scienza di Jarry costituisce un substrato imprescindibile e alla vicenda e ai

---

[13] B. Vian, *Sartre et la merde*, in "La Rue", 12 Luglio 1946.

[14] C. Bo, *Il romanziere e il mondo vischioso*, in "Aut Aut", n° 51, Maggio 1959, p. 175.

[15] B. Vian, *Boris Vian en verve, mots, propos, aphorismes*, a cura di N. Arnaud, Pierre Horay, Paris, 1970, p. 68.

[16] Cfr. E. Baj, *La Patafisica*, Abscondita, Milano, 2009, p. 22.

[17] A. Jarry, *Gesta e opinioni del dottor Faustroll, patafisico*, Adelphi, Milano, 1984, p. 31.

personaggi, ma è pur possibile notare come l'indole di Vian fosse già votata ad un orientamento ideologico simile, dacché è egli stesso a dire:

Je m'applique volontiers à penser aux choses auxquelles je pense que les autres ne penseront pas.[18]

La Patafisica costituì per Vian una valida soluzione, forse l'unica, al problema dell'esistenza e della vita umana, diventando per lui sia un'etica che un'estetica, fornendogli quegli strumenti per affrontare la vita che l'esistenzialismo non era stato capace di produrre. L'accettazione del paradosso e dell'assurdo in un universo che si presenta addirittura ostile a chi voglia rinvenirvi un senso, cifra costitutiva della scrittura di Vian, deriva proprio dall'adesione incondizionata dell'autore alla Patafisica, che, per definizione, esprime la gioia per le perplessità, il culto per la bellezza del dubbio[19]. Come ha ben notato David Noakes, infatti,

Boris Vian [...] refuse de donner un sens à ce qui, d'après lui, n'en a pas. Il n'apporte pas de solutions miracles, ne tire pas de conclusions, ne propose aucune réformes. [...] En effait, les propos tenus par les personnages de BorisVian, les développements de ses romans débouchent presque constamment sur des points d'interrogation ou de suspension. Le grand mérite, à notre avis, de l'écrivain Vian n'est pas d'avoir apporté une réponse aux problèmes qui se posent à nous mais d'avoir posé ces problèmes avec clairvoyance.[20]

Se gli esistenzialisti avevano portato alle estreme conseguenze il mondo profetizzato da Zarathustra in cui Dio è morto, Vian va ancora avanti, mettendoci davanti agli occhi una realtà ove non vale nemmeno la pena dannarsi a trovare un significato, dal momento che esso non è mai esistito. Se vogliamo, quella di Vian, è una disillusione ancora maggiore di quella esistenzialista e il suo

---

[18] J. Clouzet, *Boris Vian*, Pierre Seghers éditeur, Paris, 1966, p. 58.
[19] Cfr. E. Baj, *La Patafisica*, op. cit., p. 18.
[20] J. Clouzet, *Boris Vian*, op. cit., p. 101.

nichilismo ontologico è ancor più spiccato, se non fosse per la maschera dell'umorista cui egli ricorre per accettare la tragedia comune con distacco. Nonostante l'espresso diniego di assimilarsi alla cerchia satriana, non si può però tacere il controverso rapporto che Vian intrattenne con Sartre. Sartre figura nel romanzo *La schiuma dei giorni* insieme a Simone de Beauvoir, entrambi sotto nomi fin troppo riconoscibili: Jean-Sol Partre e la duchessa di Bouvard. Quello che Vian mi pare voglia ridicolizzare è innanzi tutto l'atteggiamento di fanatismo esasperato che si raccolse attorno al movimento esistenzialista e che, nel romanzo, si incarna nella figura di Chick. La mania insana di Chick, collezionista e appassionato acquirente di tutte le edizioni della sterminata opera di Partre, tra cui *Il vomito* e *Il tanfo*, sfocia nel parossismo nel momento in cui questi spende il suo capitale e i "dobloncioni", prestatigli dall'amico Colin per le nozze, per acquistare dei cimeli del suo idolo: pipe e pantaloni;

> OGGETTI   Ogni oggetto che sia stato toccato dal corpo dell'essere amato diventa parte di questo corpo e il soggetto vi si attacca appassionatamente.[21]

L'idiolatria devasta non solo il giovane uomo ma persino la sua ragazza, infine costretta ad uccidere il filosofo per tentare di salvare l'amato, ormai votatosi alla distruzione, dacché, come ha osservato Rybalka,

> Jean-Sol Partre s'installe dans l'esprit de Chick tout comme le nénuphar dans la poitrine de Chloé.[22]

> Guardando sopra la spalla di Jean-Sol, riusciva a vedere il titolo della pagina, *Enciclopedia*, volume diciannove. Posò una mano timida sul braccio di Jean-Sol, che smise di scrivere:
> «È già così avanti» disse Alise.
> «Sì» rispose Jean-Sol. «Lei voleva parlarmi?»
> «Volevo domandarle di non pubblicarla» disse lei.

[21] R. Barthes, *Frammenti di un discorso amoroso*, Einaudi, Torino, 1979, p. 147.
[22] M. Rybalka, *Boris Vian: essai d'interprétation et de documentation*, op. cit., pp. 120-121.

«È difficile» disse Jean-Sol. «La gente la sta aspettando».

Si tolse gli occhiali, soffiò sulle lenti, e se li rimise; non si vedevano più i suoi occhi.

«Ma certo» disse Alise. «Però io voglio dire che bisognerebbe soltanto ritardarla».

«Oh!» disse Jean-Sol «se è solo per questo, si può vedere».

«Bisognerebbe ritardarla di dieci anni» disse Alise.

«Ah sì?» disse Jean-Sol.

«Sì» disse Alise. «Dieci anni, o forse più, naturalmente. Sa, è meglio lasciare che la gente metta un po' di soldi da parte per potersela comprare».

«Sarà una bella rottura di scatole da leggere» disse Jean-Sol Partre «perché per me già è una bella rottura di scatole scriverla. A forza di tenere fermo il foglio, mi è anche venuto un forte crampo al polso sinistro».

«Mi dispiace per lei» disse Alise.

«Le dispiace per il crampo?»

«No» disse Alise «che lei non abbia voglia di ritardare la pubblicazione».

«Perché?»

«Le spiego subito: Chick spende tutti i suoi soldi per comprare quello che lei fa, e ora non ha più soldi».

«Farebbe meglio a comprarsi qualcos'altro» disse Jean-Sol. «Ha fatto le sue scelte».

«Mi pare però che sia troppo impegnato» disse Alise. «Anch'io ho fatto le mie scelte, ma sono libera, perché lui non vuole più vivere con me, allora io la ucciderò, perché lei non vuole ritardare la pubblicazione». [...]

Alise divenne pallidissima, adesso Jean-Sol Partre era morto e il tè si stava raffreddando. Alise prese il manoscritto dell'*Enciclopedia* e lo stracciò.[23]

Così qualsiasi cosa venga toccata con mano dal proprio idolo diventa parte di esso,

---

[23] B. Vian, *La schiuma dei giorni*, Marcos y Marcos, Milano, 1992, pp. 227-228.

[...] consacrato (posto nel recinto del dio) diventa simile alla pietra di Bologna che, se lasciata al sole, ne assorbe i raggi e per un certo tempo splende nell'oscurità.[24]

Tutti i libri e le reliquie di Partre sono per Chick

[...] des objets et ces objets finissent par envahir sa vie. Il est intéressant de noter que l'obsession de Chick se transporte dans le domaine de l'inanimé : Chick lui-même fait relier un livre « en peau de néant » épaisse et verte, tandis qu'Alise se voit offrir une bague « en forme de nausée ».[25]

Pare allora giustificato l'omicidio del filosofo, dal momento che

Comme tout collectionneur, Chick poursuit une idée fixe et a l'obsession de la totalité : il voudrait tout avoir de Partre, non seulement ses œuvres dans les éditions les plus variées, mais aussi ses pipes et ses vieilles robes de chambre. Mais comment posséder la totalité de quelqu'un qui n'est pas mort et qui continue à produire ?[26]

È necessario che Partre si faccia oggetto, e ciò è possibile solo con la morte, perché come Vian stesso fa dire a Wolf:

«Ci si sbarazza di quanto dà fastidio, punto primo,» disse, «- e se ne fa un cadavere. Dunque qualcosa di perfetto, poiché nulla è più perfetto, più finito di un cadavere. Ecco un'operazione fruttuosa. Due piccioni con una fava». [...] «Un morto,» proseguiva Wolf, «è bello. È completo. Non ha memoria. È concluso. Non si è completi quando non si è morti».[27]

Dall'oggetto al fare dell'amato stesso un oggetto il passo è dunque breve; Sartre o Partre, che dir si voglia, non è più il filosofo dell'esistenzialismo, ma un feticcio che si vuole possedere, un

---

[24] R. Barthes, *Frammenti di un discorso amoroso*, op. cit., p. 146.
[25] M. Rybalka, *Boris Vian: essai d'interprétation et de documentation*, op. cit., p. 85.
[26] Ivi, p. 84.
[27] B. Vian, *L'erba rossa*, Milano, Marcos y Marcos, 1999, p. 144.

oggetto appunto, quasi un simulacro grazie al quale Chick può riconoscere se stesso e affermare di avere un pensiero. Ecco che Sartre si svuota, si mostra incapace di credere e di professare la religione che egli stesso ha instituito, tant'è vero che

> [...] come Dio – è la sua etimologia – il Feticcio non risponde.[28]

E a questo punto si fa strada il fanatismo, l'atteggiamento che si assume quando, erroneamente, si cerca di fare dell'oggetto amato un dio, meccanismo che ha bien spiegato Barthes come in atto nella figura della *Dedica*[29];

> [...] l'«altro» non parla, ma iscrive però qualcosa in tutti coloro che lo desiderano – opera ciò che i matematici chiamano una catastrofe (lo sconvolgimento di un sistema per mezzo di un altro sistema): vero è che quel muto è un angelo.[30]

Chick si domanda, infatti:

> Ma come si poteva non interessarsi a un uomo come Partre?... capace di scrivere qualsiasi cosa, su qualsiasi soggetto, e con che precisione...[31];

e di qui la sua "catastrofe" personale e interpersonale. A questo proposito mi pare esemplare la parodia che Vian opera sulla famosa conferenza di Sartre "L'esistenzialismo è un umanismo", tenutasi nel Club Maintenant nell'ottobre del 1945;

> Fin dall'inizio della strada, la folla faceva a spintoni per riuscire a entrare nella sala dove Jean-Sol Partre avrebbe tenuto la sua conferenza.
> La gente escogitava ogni tipo di astuzia per eludere la sorveglianza del cordone sanitario incaricato di esaminare

---

[28] R. Barthes, *Frammenti di un discorso amoroso*, op. cit., p. 57.
[29] Cfr. ivi, pp. 63-69.
[30] Ivi, p. 69.
[31] B. Vian, *La schiuma dei giorni*, op. cit., p. 220.

la validità dei biglietti d'invito, poiché ne erano stati messi in circolazione decine di migliaia di falsi.

Alcuni arrivavano dentro un carro funebre e i gendarmi piantavano una lunga picca d'acciaio nella bara, inchiodandoli a quel legno di quercia per l'eternità: il che evitava loro il fastidio di venirne fuori per l'inumazione e creava dei problemi solo ai morti veri, che si ritrovavano con il sudario tutto strappato. Altri si facevano paracadutare con aerei speciali (e all'aeroporto si faceva a botte per riuscire a salire su quegli aerei). Una squadra di pompieri li prendeva però per bersagli e, per mezzo di idranti anti-incendio, li deviava verso il fiume dove annegavano miseramente. Altri ancora, infine, tentavano di arrivare passando per le fogne. Quando arrivava il momento di aggrapparsi al bordo del tombino per tirarsi su e uscire, venivano ricacciati indietro con grandi pestoni di scarpe ferrate ben assestati sulle giunture: i topi si incaricavano di finire l'opera. Niente però riusciva a scoraggiare quegli appassionati. [...] Si erano verificati numerosi casi di svenimento dovuti all'esaltazione intra-uterina, che si impadroniva in modo particolare del pubblico femminile [...].[32]

E questa testimonianza è persino riportata da Simone de Beauvoir, ne *La force des choses*, allorché ci informa come

A la conférence de Sartre, il vint une telle foule quel la salle ne put la contenir : ce fut une bousculade effrénée et des femmes s'évanouirent.[33]

Vediamo dunque come è il fanatismo di certi esistenzialisti che Vian prende di mira, l'obnubilazione della loro coscienza, dacchè essi si volgono, senza alcuna restrizione, al culto del loro idolo. Il problema è nella fede, non nella dottrina. Anche Chick è vittima di questo vizio, dal momento che la sua ossessione da appropriazione si fa desiderio di identificazione:

---

[32] Ivi, pp. 111-112, 114.
[33] S. de Beauvoir, *La force des choses*, Gallimard, Paris, 1963, p. 51.

Chick a été a l'origine un homme de la connaissance, et l'être à affirmer par elle, Jean-Sol Partre ; mais avec le temps le connaître comme avoir se réalise par la possession des livres en tant qu'objets et des reliques, et Partre déplace Chick en Chick, est substitué à lui dans le « pur effort pour devenir Dieu » qui exprime le désir. Et Chick ne sortira plus de sa contradiction du connaître et de l'être.[34]

E il desiderio è dunque desiderio di essere Partre, ormai diventato oggetto, ma che, a sua volta, rende Chick stesso un oggetto, secondo il meccanismo relazionale intersoggettivo analizzato da Sartre ne *L'essere e il nulla*, basato sulla rivisitazione dell'hegeliano rapporto servo-padrone. Sartre afferma che inizialmente l'altro appare ai nostri occhi come un oggetto, ma, ben presto, ci si accorge di come nel ri-guardare dell'oggetto il soggetto si scopra egli stesso un oggetto, immobilizzato, pietrificato dallo sguardo dell'altro, in una sorta di riformulazione del mito di Medusa[35];

Ma è quando l'altro alza gli occhi che e "mi guarda" che il conflitto io-altro esplode drammatico: scopro l'altro come soggetto e, simultaneamente, il suo sguardo mi oggettiva, riducendo il mio essere a un «essere-visto-da-altri». «Io non sono più padrone della situazione».[36] In effetti, i progetti dell'altro trascendono i miei e li neutralizzano, mi scopro «trascendenza trascesa», la mia libertà è come negata, mi sento veduto come io non riesco a vedermi, e definito come si definisce una cosa. Sotto lo sguardo dell'altro il mio statuto ontologico è sconvolto [...].[37]

Chick si definisce mediante lo sguardo di Partre ed ecco che, per una specie di subdolo contrappasso dantesco, diventa vittima di Sartre, suo prigioniero, ridotto al rango oggettivo. Come in Hegel il servo riconosce la sua libertà solo una volta che si pone in relazione al padrone, notando come in realtà la condizione di questi dipenda e

---

[34] M. Gauthier, *L'écume des jours: profil d'une œuvre*, Editions Hatier, Paris, 1975, p. 124.

[35] Cfr. J. P. Sartre, *L'essere e il nulla*, Il Saggiatore, Milano, 1964, pp. 301-312.

[36] Ivi, p. 312.

[37] G. Fornero; S. Tassinari, *Le filosofie del Novecento*, op. cit., p. 699.

sia costituita a partire dalla sua presenza, Partre da feticcio, grazie alla messa in gioco del movimento dialettico di guardare-riguardare, ritorna soggetto, si libera. Ecco perché è necessario che egli muoia nell'ottica di Alise, la quale, ormai emancipatasi dallo stabilizzante sguardo di questi, ormai libera, lo uccide, rivendicando il suo ruolo di soggetto attivo su di lui, facendone un oggetto, un morto.

«Anch'io ho fatto le mie scelte, ma sono libera, perché lui non vuole più vivere con me, allora io la ucciderò [...]»[38],

comunica a Partre la stessa Alise.

Ecco quindi che nella constatazione dell'incolmabile separazione dell'altro da sé, data dal perpetuo gioco di sguardi, Chick e Alise incarnano le due coscienze in conflitto all'interno del sé che tenta di farsi soggetto. Quello di Chick mi pare sia l'amore masochista che tenta di assimilare l'altro a sé, rispettandone la soggettività, mentre Alise sembra dare prova della sensualità sadica che, mediante l'aggressione, è finalizzata ad oggettivare e ad annullare l'altro. Alla fine, però, entrambi gli atteggiamenti sono votati al fallimento, dal momento che l'uccisione di Sartre non impedirà nè la morte di Chick né il suicidio di Alise;

L'amore masochista fallisce perché quanto più valorizzo la soggettività dell'altro, tanto più mi riduco all'oggettività dell'essere-amato e viceversa: il mio sguardo s'incrocia con lo sguardo dell'altro, e anziché rispecchiarvisi lo oggettiva, lasciandosene a sua volta oggettivare. Quanto alle pratiche di aggressività e al tentativo di annullamento dell'altro, esse falliscono perché la soggettività dell'altro riemerge dopo ogni tentativo di reificarla e mi ricorda la mia inevitabile oggettività.[39]

Ecco dunque il significato profondo ed essenziale dell'esclamazione "L'inferno sono gli altri" che Sartre mette in bocca al suo personaggio di *Porta chiusa*.

---

[38] B. Vian, *La schiuma dei giorni*, op. cit., p. 228.
[39] G. Fornero; S. Tassinari, *Le filosofie del Novecento*, op. cit., p. 700.

Quello che Vian intende fare non è dunque, a mio avviso, una parodia mirata a colpire la persona di Sartre, ma mettere in ridicolo la volontà di ridursi al livello oggettivo, autocategorizzandosi, in questo caso specifico, come "esistenzialisti", la smania di voler a tutti i costi riconoscersi in un orientamento ben definito e connotato:

> Ce qu'il méprise c'est l'intolérance de ceux qui se rendent sans conditions à une idéologie, quelle que soit la nature de celle-ci.[40]

Infatti, come ha ben notato Baudin:

> Le conformisme bourgeois est évidemment le point de mire pour Vian, d'abord parce qu'il règne à cette époque, mais aussi parce que la conformité est en soi une valeur bourgeoise.[41]

E la borghesia e il suo sterile sapere mi pare sia anche messo in ridicolo da Sartre stesso, mediante la figura dell'Autodidatta, emblema di quella categoria che è riuscita a portare persino il pensiero a livello della materia, in modo da poterlo poi comprare o impossessarsene. Ne *La nausea* leggiamo che essi

> Hanno la prova, cento volte al giorno, che tutto si fa meccanicamente, che il mondo obbedisce a leggi fisse ed immutabili[42],

e non è forse questo l'atteggiamento di chi crede che la conoscenza possa e debba essere ottenuta mediante uno studio sistematico, acritico, basato sul futile criterio dell'ordine alfabetico? La stessa linea polemica mi pare sia portata avanti pure da Vian, dato che, nel nome della duchessa di Bouvard, non possiamo non leggere un'esplicita allusione al *Bouvard e Pécuchet* di Flaubert. Quello di Vian trattasi dunque di non-conformismo piuttosto che di anti-conformismo.

---

[40] J. Clouzet, *Boris Vian*, op. cit., p. 62.
[41] Henri Baudin, *Boris Vian: La poursuite de la vie totale*, Éditions du Centurion, Paris, 1966, p. 119.
[42] J. P. Sartre, *La nausea*, Einaudi, Torino, 1948, p. 212.

Dans ses actions, dans sono langage, dans ses œuvres, il ne fut pas anticonformiste – pour ne pas s'embrasser d'un conformisme supplémentaire, mais non conformiste grand teint[43],

ed è Vian stesso a dichiararlo dalle colonne di Jazz Hot, allorché scrive:

Au cas où je me serais mal expliqué, je continue à préciser que le non-conformisme est innombrable – et que vous auriez tort de confondre le non et l'anti (qui est, assurément, de même nature que ce à quoi il s'oppose). Refuser et attaquer ne sont pas du tout deux attitudes analogues.[44]

Non siamo lontani da quanto affermava Pasolini nel nostro paese, quando notava come i giovani siano preda di una nuova forma di conformismo, dacché si fanno portavoce di valori apparentemente nuovi, ma che in realtà essi non fanno altro che accettare il mondo dei padri, semplicemente contestandolo:

Essi aggiungono, dentro lo schema del conformismo assimilato – come ai tempi delle orde – dall'ordine sociale paterno, una nuova dose di conformismo: quello della rivolta e dell'opposizione.[45]

Mi pare sia pure ravvisabile un parallelo tra la descrizione che Vian ci fornisce ne *La schiuma* dei giorni degli esistenzialisti e quella che Pasolini dà dell'ormai a suo tempo stereotipato e canonizzato movimento hippy. Ecco come Vian presenta i partecipanti alla conferenza di Partre:

Il pubblico che si accalcava in quella sala aveva un aspetto molto particolare. Si vedevano soltanto volti occhialuti e sfuggenti, capigliature sconvolte, cicche di sigaretta ingiallite, rigurgiti di torrone e, per le donne, treccioline

---

[43] J. Clouzet, *Boris Vian*, op. cit., p. 101.
[44] B. Vian, in "Jazz Hot", n° 134, cit. in ivi, nota 40, p. 101.
[45] P.P. Pasolini, *Lettere luterane*, Garzanti, Milano, 2009, p. 67.

pietose legate attorno al cranio con lo spago e montgomery portati sulla pelle nuda, con qua e là scorci su tranci di seno affioranti da un fondale oscuro[46];

ed ecco cosa Pasolini dice riguardo ai cosiddetti "capelloni", che egli individua come i "destinati a esser morti"[47]:

> Ti descriverò prima i ragazzi che si possono approssimativamente chiamare «obbedienti» (il fatto che qualche volta si atteggino a contestatori, ribelli, estremisti ecc. non ha alcuna importanza: come non hanno importanza i loro capelli lunghi, cristallizzati ormai nelle ridicole e un po' schifose acconciature di un'iniziazione totalmente conformista).[48]

E anche questa volta vediamo come non è Sartre a essere preso di mira, ma i suoi scimmiottatori, i suoi seguaci, coloro che istituzionalizzano il movimento perché, come Vian scrive, Jean-Paul Sartre è:

> Scrittore, drammaturgo e filosofo la cui attività non ha rigorosamente alcun rapporto con le camicie a quadri, le «cave» o i capelli lunghi, e che meriterebbe proprio di essere lasciato un po' in pace perché è un tipo chic.[49]

Il non-conformismo, si diceva. A questo punto è utile seguire le parole di Baudin che, argutamente, nota:

> Il me semble, à cet égard, qu'on peut tout de même remarquer chez Boris Vian quelque chose qui fait résistance à une extension authentiquement populaire, milieu paysan, milieu ouvrier traditionnels, c'est son non conformisme. Il y a à la base une espèce de non conformisme qui révulse des gens qui ont besoin de

---

[46] B. Vian, *La schiuma dei giorni*, op. cit., p. 112.
[47] P.P. Pasolini, *Lettere luterane*, op. cit., p. 70.
[48] Ivi, p. 69.
[49] B. Vian, *La Parigi degli esistenzialisti; Manuale di Saint-Germain-des-Prés*, op. cit., p. 171.

certitudes simples, or les certitudes simples, ils ne les trouveront certainement dans l'œuvre de Boris Vian.[50]

E il non-conformismo è indissolubilmente legato all'esigenza incontenibile di una libertà totalizzante da parte di Vian. Infatti,

> [...] par son exigence de liberté, Vian dépasse l'anticonformisme, qui est trop souvent un servile contre-pied du conformisme et se constitue vite en chapelle avec uniforme, orthodoxie, mots de passe et tyrannie plus contraignante souvent que le conformisme même. Le non conformisme qui est le sien est un libre refus, non le renversement automatique de ce qu'il refuse.[51]

Emerge qui uno dei punti chiave per capire l'opera di Boris Vian e nel quale è poi sensibile la differenza di prospettiva di Vian da quella di Sartre: il concetto della libertà individuale che investe pure il piano della scrittura e che comporta, necessariamente, il dibattito sulla responsabilità dello scrittore e il problema dell'*engagement* letterario.

> In effetti sembra che le masse stiano sempre dalla parte del torto, e che gli individui abbiano sempre ragione[52];

eccola la libertà di Vian, la sola che egli è in grado di concepire, l'unica in grado di rispondere al suo individualismo.

> Le seul « isme » qu'il aurait sans doute accepté sans protester aurait été celui d'individualisme. Car individualiste, Vian l'a été avec fierté, ostentation et courage [...][53],

al punto che, come ci dice nella prefazione de *La schiuma dei giorni*, opera tra l'altro dedicata a se stesso ("Per me, ciccino mio"):

---

[50] *Discussion*, in AA. VV., *Boris Vian: Colloque de Cerisy*, direzione di N. Arnaud e H. Baudin, 23 juillet-2 aout 1976, vol. I, Union générale d'éditions, Paris, 1977, p. 53.
[51] Henri Baudin, *Boris Vian: La poursuite de la vie totale*, op. cit., p. 119.
[52] B. Vian, *La schiuma dei giorni*, premessa, op. cit., p. 15.
[53] J. Clouzet, *Boris Vian*, op. cit., p. 62.

[...] la storia è interamente vera, perché io me la sono inventata da capo a piedi.[54]

Quella che Vian rivendica per sé, infatti, è una libertà totale che si rifiuta di essere costretta dal mezzo della scrittura. Per questo, nei suoi romanzi, i simboli e i miti sono polivalenti, dal momento che è l'autore stesso a dirci come il mondo sia irriducibile all'interpretazione univoca e definitiva che si tenta, mediante la parola, di fornire. Ecco perché *L'autunno a Pechino* non conclude, per evitare di mettere nero su bianco un significato, il quale non può che rappresentare un freno alla libera immaginazione creativa:

> Data la complessità dell'insieme, e nonostante l'esperienza acquisita, è veramente impossibile prevedere, e ancor più immaginare, quello che potrà loro succedere. È inutile tentare di descriverlo, perché si può concepire di tutto.[55]

Ne consegue, quindi, che pure noi, con l'autore, siamo liberi, dacché

> La liberté qu'il revendique pour soi, Vian la reconnaît d'ailleurs aux autres. D'où la texture de son univers imaginaire, si propice, pour le lecteur, à la liberté de mouvement et d'interprétation, comme devant une statue autour de laquelle on peut tourner, varier les angles de vue et l'éclairage. D'où aussi se cette absence de dogmatisme, qui se refuse à conclure et laisse chacun réemployer à sa guise les éléments fournis ou s'explorer lui-même en même temps que l'univers de Vian.[56]

Vian si riserva il diritto di non scegliere, ponendosi fuori dalla logica a due termini che si escludono l'un l'altro. Percorre la terza strada, quella della libertà assoluta e, in questa maniera, apre il lettore all'eterogeneità e alla molteplicità di senso. Boris Vian, nel suo essere un caso letterario isolato nella Francia della sua epoca, rivendica la sua totale indipendenza dalle tendenze letterarie e dalle avanguardie poetiche, cui spesso venne erroneamente accostato.

---

[54] B. Vian, *La schiuma dei giorni*, premessa, op. cit., p. 15.
[55] B. Vian, *L'autunno a Pechino*, Sellerio, Palermo, 1999, p. 319.
[56] J. Clouzet, *Boris Vian*, op. cit., p. 114.

Infatti, se si deve parlare del rapporto di Vian con il Surrealismo, si dirà che senza dubbio si presentano affinità tematiche, co-incidenze metodologiche, stesso gusto dissacrante per la demistificazione, ma bisognerà prima di tutto notare come Vian prenda le distanze da una scrittura che, nel suo proclamarsi "automatica", è in realtà canonizzata in un manifesto, dunque limitata e limitante. Quella delle avanguardie avrebbe dovuto risultare agli occhi dell'individualista Vian una libertà insufficiente, a posteriori, desunta da norme a priori: esattamente ciò che egli osteggia nella premessa de *La schiuma dei giorni*;

> L'essenziale nella vita è avere giudizi *a priori* su tutto. [...] Bisogna tuttavia stare attenti a non dedurre nessuna regola di comportamento da questa constatazione: certe regole non hanno bisogno di essere formulate per essere seguite.[57]

Vian, da parte sua, sospende il giudizio e rimette al lettore

> [...] la liberté de choix et, d'abord, la liberté de choisir ou de ne pas choisir[58],

redimendo, in un certo senso, il peccato di Adamo, causato proprio dalla necessità della scelta. Si intravede già la contrapposizione con la concezione della libertà sartriana, la quale trova il suo fondamento proprio nella filosofia di Kierkegaard. Sartre ha a più riprese riflettuto sul dramma della libertà umana, giungendo alla conclusione dell'ineluttabile vincolo esistente tra libertà e scelta. L'uomo si scopre libero allorché viene posto dinnanzi alla scelta tra il Bene e il Male, ma non potendo sopportare il peso della possibilità, dell'indeterminatezza, pecca; di qui il sentimento d'angoscia e di condanna della libertà.

> L'angoscia si può paragonare alla vertigine. Chi volge gli occhi al fondo di un abisso, è preso dalla vertigine. Ma la causa non è meno nel suo occhio che nell'abisso: perché deve guardarvi. Così l'angoscia è la vertigine della libertà, che sorge mentre lo spirito sta per porre la sintesi e la

---

[57] B. Vian, *La schiuma dei giorni*, premessa, op. cit., p. 15.
[58] J. Clouzet, *Boris Vian*, op. cit., p. 60.

libertà, guardando giù nella sua propria possibilità, afferra il finito per fermarsi in esso.[59]

Ne consegue che la libertà umana è finita, situata come possibilità o scelta; ed ecco che il dramma della libertà, in Sartre, si fa ontologico:

> [...] noi siamo una libertà che sceglie, ma non scegliamo di essere liberi: siamo condannati alla libertà [...].[60]

La condanna della libertà grava sull'uomo e se ne deduce che l'uomo veramente libero è colui che è autonomo nella scelta, la quale diviene presupposto quindi della libertà stessa, che pure rimane incondizionata. E la libertà comporta necessariamente l'angoscia, dal momento che

> [...] essere liberi significa progettare se stessi nella completa indeterminatezza del futuro, nell'incertezza dei possibili futuri che ancora non sono e che ancora l'uomo non è[61];

ci troviamo davanti a quello che può essere definito il principio poetico di Vian, l'infinità delle possibilità, che in Sartre è posto a fondamento del sentimento di angoscia.

> L'angoscia che, quando è svelata, manifesta alla nostra coscienza la nostra libertà, testimonia la modificabilità perpetua del nostro progetto iniziale.[62]

Infatti, se Vian si pone in un atteggiamento positivo e propositivo rispetto alla mobilità del progetto e degli stati di cose, vediamo come Sartre, al contrario, di fronte ad essa postuli lo scaturire dell'angoscia, in nome della perpetua minaccia di nullificazione che grava sulla scelta attuale; siamo quasi all'antitesi. Ora, la scelta introduce necessariamente la nozione di responsabilità umana, che in letteratura si traduce nella responsabilità dello scrittore. Anche al cospetto di questa problematica vediamo come Vian e Sartre

---

[59] S. Kierkegaard, *Il concetto dell'angoscia; La malattia mortale*, Sansoni, Firenze, 1965, p. 74.
[60] J. P. Sartre, *L'essere e il nulla*, op. cit., p. 543.
[61] G. Fornero; S. Tassinari, *Le filosofie del Novecento*, op. cit., p. 697.
[62] J. P. Sartre, *L'essere e il nulla*, op. cit., p. 542.

assumano degli orientamenti diametralmente opposti. Raccordando la libertà alla scelta, Sartre non potrà che insistere sulla responsabilità di ogni singolo autore mentre Vian, al contrario, nella sua sospensione di giudizio, delega la responsabilità al lettore.

> Non si fa ciò che si vuole, e tuttavia siamo responsabili di quello che siamo: ecco il punto; l'uomo, che si spiega simultaneamente con tante cause, è tuttavia solo a portare il peso di sè[63],

scrive Sartre nel suo saggio *Che cos'è la letteratura?*, e vediamo come Vian invece ribadisca:

> Gli uomini possono fare di tutto e non dipende da loro se le loro azioni siano bene o male[64];

da una parte il peso della responsabilità assoluta, dall'altro l'assoluzione di tutte le colpe. Vian si mette nella posizione dello scrittore irresponsabile e si rivendica continuamente questo ruolo, come quando precisa:

> On se plaît donc à la clamer sur les toits cette responsabilité. Ceux qui s'y emploient sont ou bien les gens le plus doux de la terre (Sartre et compagnie) ou bien les journalistes, ravis de se croire quelque chose. Or, un auteur est le type même de l'irresponsable. C'est lui qui accomplit les volte-face les plus brillantes (Aragon, Gide, etc.).
> [...] Certains, qui s'imaginent qu'un livre, qu'un poème peuvent quelque chose, sont des poseurs. Un *lecteur* peut quelque chose ; il peut même invoquer le livre comme prétexte, avant l'action, ou comme justification après elle. Mais c'est nier la liberté et donner des armes dangereuses aux avocats des crapules que d'écrire « ayant lu ces lignes, il étrangla son amie » [...].[65]

---

[63] J. P. Sartre, *Che cos'è la letteratura?*, Il Saggiatore, Milano, 1960, p. 136.
[64] B. Vian, *Boris Vian en verve, mots, propos, aphorismes*, a cura di N. Arnaud, op. cit., p. 22, (traduzione mia).
[65] B. Vian, in "Point de Vue", 8 mai 1947, cit. in M. Rybalka, *Boris Vian: essai d'interprétation et de documentation*, op. cit., p. 97.

Con verosimile probabilità Vian fa riferimento al caso scoppiato intorno a *Sputerò sulle vostre tombe*, allorché, sulla scena di un omicidio tenutosi nel quartiere di Montmartre, venne rinvenuta una copia del libro, aperta alla pagina che descriveva lo strangolamento di una ragazza per mano del protagonista Lee Anderson. E a questo proposito si legga quanto afferma Sartre:

> Ma quando la letteratura diventerà, con il surrealismo, istigazione all'assassinio, si vedrà lo scrittore, per una concatenazione paradossale ma logica, porre esplicitamente il principio della sua assoluta irresponsabilità.[66]

Lo scrittore Sartre si sente dunque investito di una missione, la rivelazione dell'essere[67], mentre Vian, al contrario, non vuole che proporre modelli di riflessione, che il lettore ha discrezione o meno di recepire. Vian ha dedicato le pagine dei suoi *Scritti pornografici* proprio alla chiarificazione di questo concetto, riportando l'esempio e le parole di Theodore Schroeder, citate in un articolo da Miller:

> «L'oscenità non si può trovare in nessun libro... in nessun dipinto... si tratta sempre di una qualità dello spirito di chi legge o chi guarda... Per la soppressione della letteratura oscena non vale nessun argomento che – grazie a implicazioni inevitabili - non giustifichi e non abbia giustificato tutte le altre limitazioni imposte alla libertà dello spirito».[68]

E Vian, alla sua stregua, sancisce:

> Eh sì, la verità è questa... non c'è letteratura erotica se non nell'animo dell'erotomane.[69]

Abbiamo dunque presentate due concezioni distinte di letteratura; da una parte Sartre, con la sua etica dell'assoluto e Vian dall'altra, incentrato a porre l'accento sulla particolarità. Che l'esistenzialismo

---

[66] J. P. Sartre, *Che cos'è la letteratura?*, op. cit., p. 97.
[67] Ivi, p. 32.
[68] B. Vian, *Scritti pornografici*, :Duepunti edizioni, Palermo, 2007, p. 35.
[69] Ivi, p. 37.

proponga dei valori assolutizzanti non è un mistero, ed è Sartre stesso a postularlo:

> Così il primo passo dell'esistenzialismo è di mettere ogni uomo in possesso di quello che egli è e di far cadere su di lui la responsabilità totale della sua esistenza. E, quando diciamo che l'uomo è responsabile di se stesso, non intendiamo che sia responsabile della sua stretta individualità, ma che egli è responsabile di tutti gli uomini.[70]

Assolutizzazione che non sia però fine a se stessa ma, attiva, nel presente storico. È dunque necessario, a questo fine, che l'autore si cali nella storia, che sappia porre se stesso "in situazione". Siamo prossimi alla svolta "marxista" sartriana (a ridosso della pubblicazione del ciclo dei *Chemins de la liberté – L'età della ragione*, 1945), dove si assisterà alla trasmutazione del soggettivismo professato ne *L'essere e il nulla* nella teorizzazione della letteratura impegnata, secondo cui ogni azione è storicamente collocata e agisce sulla storia: ormai la letteratura è ideologia;

> Lungi dall'essere relativisti, affermiamo ad alta voce che l'uomo è assoluto. Ma lo è nel suo momento storico, nel suo ambiente, sulla sua terra. L'assoluto, che mille anni di storia non possono distruggere, è *questa* decisione insostituibile, incomparabile, che l'uomo prende in quel dato momento a proposito di quelle circostanze [...][71];

La responsabilità si fa *engagement*, il quale si realizza mediante l'azione, l'iniziativa e la partecipazione:

> Lo scrittore è «in situazione» nella sua epoca: ogni parola ha i suoi echi. Ogni silenzio anche. Io ritengo Flaubert e Goncourt responsabili della repressione che seguì la

---

[70] J. P. Sartre, *L'esistenzialismo è un umanismo*, Mursia, Milano, 1968, pp. 30-31.
[71] J. P. Sartre, *Presentazione di « Temps Modernes »*, in Id., *Che cos'è la letteratura?*, op. cit., p. 127.

Comune perché essi non hanno scritto una riga per impedirla.[72]

In questa maniera è evidente come pure i "Temps Modernes" si pongano sulla medesima falsariga:

> Pertanto, a proposito degli avvenimenti politici e sociali che verranno, la nostra rivista prenderà posizione in ogni caso. Non politicamente, cioè non servirà alcun partito, ma si sforzerà di porre in luce la concezione dell'uomo, a cui si ispireranno le tesi in contrasto, e darà il proprio parere conformemente alla concezione che verrà sostenendo.[73]

Ci si chiede allora, a questo punto, quale sia l'atteggiamento di Vian nei confronti dei propositi espressi dalla rivista in cui egli stesso scriveva. Ma è subito evidente che egli si pone in maniera critica e polemica verso quell'orientamento al punto che, vedendo negli intenti di "Temps Modernes" una limitazione alla libertà individuale, non si risparmia di denunciare:

> Si l'on veut écrire n'importe quoi, dans *Les Temps Modernes*, on ne peut pas. Il faut du sérieux, du qui porte. De l'article de fond, du resucé, du concentré, du revendicatif. Du dénonciateur d'abus, de l'anti-tyrannique, du libre, du dégagé de tout. Du vent du large et du souffle d'air dans la géhenne d'ici-bas. Ce n'est pas assez [...].[74]

L'insufficienza di *Les Temps Modernes*, ecco cosa Vian vuole mostrare. Quello di Vian è dunque un a-politicismo dettato da un totale sovra-storicismo, allorchè Sartre si spinge ad entrare nella Storia:

---

[72] Ivi, p. 125.
[73] Ivi, p. 128.
[74] B. Vian, in "Les Tempes Modernes", n° 13, octobre 1946, cit. in M. Rybalka, *Boris Vian: essai d'interprétation et de documentation*, op. cit., p. 93.

Quiconque se propose de modifier l'histoire, se propose donc de s'y intégrer, se voue donc au malheur. Vouloir entrer dans l'histoire, c'est masochisme pur.[75]

Di qui mi pare provengano il rifiuto totale dell'*engagement* in nome di un personalissimo individualismo rivoluzionario. E non pare nemmeno troppo azzardato indovinare come agli occhi di Vian l'impegno militante di Sartre dovesse apparire ingenuo. Lo desumiamo, come sempre, dalle sue opere, da *La schiuma dei giorni* in particolare, dove Sartre entra in qualità di personaggio. Ecco come Vian ci descrive la politicizzazione di Sartre:

- Il y sera parlé de l'engagement. Un parallèle est établi entre l'engagement d'après les théories de Jean-Sol Partre, l'engagement ou le rengagement dans les troupes coloniales et l'engagement au prise à gages des gens dits de maison par les particuliers[76].

E, sopratutto, ecco come Vian mette in bocca ad Alise il suo pensiero su Sartre, allorché la ragazza, nel suo colloquio con Partre, poco prima di ucciderlo, afferma:

- Il est trop engagé, je trouve.[77]

En vérité, tout engagement lui répugnait et l'engagement politique autant quel l'engagement dans les troupes coloniales[78],

ed ecco che, inevitabilmente, il cambio di direzione nel pensiero di Sartre dovette provocare le prime incomprensioni. Probabilmente le vicende personali posteriori agli anni '50 fecero il resto: Vian, ormai separatosi dalla moglie Michelle, assistette alla nascita di una relazione intima di quest'ultima con Sartre. Non vi fu mai una combutta, solo l'esordio di una sempre più incolmabile distanza e

---

[75] B. Vian, *Traité du civisme*, cit. in N. Arnaud, *Les vies parallèles de Boris Vian*, Union générale d'éditions, Paris, 1970, p. 474.

[76] B. Vian, *L'écume des jours*, Gallimard, Paris, 1947, p. 61.
[77] Ivi, p. 300.
[78] N. Arnaud, *Les vies parallèles de Boris Vian*, op. cit., p. 479.

indifferenza tra i due. La frattura creatasi e le divergenze d'opinione dovettero parere insanabili agli occhi di Vian.

Jean Clouzet ha felicemente osservato come, in definitiva,

> Boris Vian ne proposait rien, en apparence du moins, parce qu'il n'avait sans doute trouvé aucune porte de sortie, aucun but vraiment satisfaisant. Son œuvre fait souvent penser à une gigantesque quête du Graal où la quête aurait plus d'intérêt que le Graal lui-même.[79]

Ci si domanda allora, legittimamente, come mai la critica abbia a lungo e continuamente accostato Vian agli esistenzialisti. Forse per il tema della morte? Un'affinità tematica mi pare una prova confutabile e scarna. Forse per lo schieramento politico dichiarato ne *Le Déserteur*? Bisogna ammettere che una presa di posizione antibellica non corrisponde esattamente alla politicizzazione del mezzo letterario e che una canzone non può nulla al confronto della vastissima produzione vianiana. Forse allora per la collaborazione con "Tempi Moderni"? La risposta a quest'ultimo quesito ce la fornisce Vian stesso, impegnato a smantellare le strutture significanti che gli stessi critici erigono intorno alle opere letterarie, viziati dalla loro mania della comprensione; e non può che essere drasticamente negativa:

> Tristi individui, critici da strapazzo, quasi tutti idioti come Claude Morgan – e non è roba da poco -, quando farete dunque il vostro mestiere di critici? Quando smetterete di cercarvi nei libri che leggete mentre il lettore cerca il libro? Quando smetterete di chiedervi, in prima istanza, se l'autore è peruviano, scismatico, membro del Partito Comunista o parente di André Malraux? Quando oserete parlare d'un libro senza appoggiarvi a mille informazioni sull'autore, sugli annessi e i connessi? Temete di dire sciocchezze? Ma ne dite di ben più grosse con tutte le vostre precauzioni! Quando ammetterete che si possa scrivere su "Temps Modernes" e non essere esistenzialisti, amare gli

---

[79] J. Clouzet, *Boris Vian*, op. cit., p. 102.

scherzi e non farne di continuo? Quando ammetterete la libertà?[80]

---

[80] B. Vian, (i. e. Vernon Sullivan), *Tutti i morti hanno la stessa pelle*, postfazione, Milano, Marcos y Marcos, 1999, pp. 141-142.

II

Come un'allegoria

Lettura dei quattro romanzi di Boris Vian

Tentare una definizione o, quantomeno, un'esegesi dell'opera di Boris Vian appare un'impresa poco coerente con l'immagine di sé che l'autore ci ha voluto consegnare nei suoi scritti. Tuttavia la tentazione di leggere tra le righe è forte, tanto più che il lettore, una volta tornato alla realtà dopo essere stato letteralmente assorbito dal vortice che le pagine di Vian gli dischiudono davanti, rimane con degli interrogativi, con la sensazione di trovarsi di fronte qualcosa che sfugge nel preciso istante in cui pare rivelarsi. Vian, mediante il mezzo della scrittura, crea e distrugge, secondo un procedimento di rivelazione e occultazione. Eppure quei brevi istanti di luce ci sono e sono riconoscibili; occorrerà quindi focalizzarsi su di essi per trovare un'unità e costruire il sistema di valori dell'autore, per indagare l'uomo Vian e ritrovarlo nelle pieghe dei suoi romanzi. Si ha spesso il presentimento che certe figure, che certi personaggi o certe connotazioni siano fondamentali nell'opera, pur senza coglierne il motivo. Il mio interesse non è appunto quello di cercare di definirle, di attribuir loro un senso, che rischia di essere, se non arbitrario, almeno falsante la poetica di Vian. Come diceva Baudelaire: "Ce qui n'est pas légèrement difforme a l'air insensibile; d'où il suit que l'irrégularité, c'est-à-dire l'inattendu, la surprise, l'étonnement sont une partie essentielle et la caractéristique de la beauté"[81], ed è giusto che tali rimangano, perché l'opera è, innanzi tutto, una creazione estetica. Quello che propongo è dunque una lettura simbolica di alcuni elementi sparsi nei romanzi di Vian e, precisamente, ne *La schiuma dei giorni*, *L'autunno a pechino*, *Lo strappacuore* e *L'erba rossa*, la quale mi pare sia la sola in grado di rendere giustizia

---

[81] C. Baudelaire, *Œuvres posthumes*, Société du mercure de France, Paris, 1908, p. 83.

all'autore ed essere coerente con la sua personalità. Partendo dal presupposto che è possibile leggere queste opere come delle allegorie mi focalizzerò sugli aspetti che mi sembrano più costruttivi e interessanti non per comprendere Boris Vian, ma per derivarne ulteriori elementi di apprezzamento.

In ogni caso, quello che senza dubbio non sfugge, nemmeno ad una lettura ingenua, è la sovrabbondanza dell'aggettivazione associata ai colori. Che i colori abbiano un significato simbolico è ormai fuori discussione, soprattutto dopo la lezione simbolista; occorrerà ora vedere che connotazione essi assumano nell'universo di Vian. Ciò che emerge è innanzi tutto il dominio assoluto del colore giallo in tutti i romanzi di Vian, sia pure in misure diverse. È però principalmente ne *L'autunno a Pechino* che questa predominanza è denunciata, dacché gialle sono le camicie del professor Mangemanche e gialle sono le lumachine che abitano il suolo dell'Exopotamia. Il giallo è associato al giorno, a tutto ciò che è lucente, essendo il colore del sole e, per questo, possessore di una tinta magica. Il giallo rimanda pure all'oro, che simboleggia la conoscenza, e appare allora chiaro il ruolo che il professore riveste ai fini della storia: come l'abate Petitjean e l'archeologo Athanagore egli inizierà Angel alla Conoscenza, intesa come scoperta del Sé. Passando a *La schiuma dei giorni* notiamo come il colore azzurro sia d'importanza capitale: tale è la camicia di Colin durante la festa in cui incontrerà Chloé, azzurro è il vestito che Chloé indossa per recarsi dal medico. Nel simbolismo l'azzurro può essere assimilato al bianco, a tutto ciò che è algido e glaciale, al bianco "Lances des glaciers fiers"[82], per dirla con Rimbaud. Bianchi sono la neve, l'inverno, il freddo, che nella storia è il responsabile della morte di Chloé. In quest'ottica l'azzurro si fa portatore di un'aura nefasta, presagio di morte, prefiguratore del destino che colpirà sia Colin sia Chloé. Ne *Lo strappacuore*, notiamo, sin dagli scenari iniziali, come i paesaggi siano caratterizzati dall'alternanza del rosso e del nero. Rosso è poi il ruscello che taglia il surreale villaggio senza nome cui perviene Giacomorto nel suo perigranare; nero è il completo di

---

[82] A. Rimbaud, *Voyelles*, in *Poesie*, traduzione di D. Bellezza, Garzanti, Milano, 1977, p. 30.

questi al suo arrivo, così come nera è la vestaglia del sacrestano-diavolo nel duello contro il curato. Il rosso e il nero, nell'iconografia, sono solitamente utilizzati per rappresentare la figura del demonio, il che lascia intendere che qualcosa di sinistro e di malvagio accada nel villaggio descritto. Il rosso è il colore del sangue, dei sensi impulsivi e dell'agonia. In alchimia, però, il rosso viene anche associato al fuoco e alla purificazione, essendo strettamente collegato alla fase della *rubedo*. Ecco a che cosa serve il rivolo di acque rosse: a purificare gli uomini dai loro vizi, dalle loro malvagità. Presso gli antichi Egizi, il rosso era pure un colore maledetto, il colore del maligno e non a caso i peccati degli uomini si tingono di rosso, prima di essere assolti. Il nero, da sempre, è associato all'oscurità, alla degradazione, alle "mouches éclatantes qui bombinent autour des puanteurs cruelles"[83] e, nel romanzo, denota tutto ciò che è diabolico, demoniaco, a partire dal sacrestano, nel quale pare si sia incarnato il signore delle tenebre. Infine, in questa rapida rassegna, possiamo costatare come ne *L'erba rossa* si presenti costantemente la triade composta da bianco, nero e rosso, dove di bianco si tingono i ricordi di Wolf, ricordi che lo porteranno a morte, il rimosso assume il colore rosso e il nero rimanda all'oscuro, alle zone inacessibili e sotterranee della mente, intese anche come forza primordiale e caos creativo, in senso junghiano, e che, nello specifico, si incarnano nella figura del negro che danza all'interno della caverna in cui si intrufolano Lazzuli e Wolf.

I romanzi sono poi popolati da strani personaggi e da situazioni che esercitano un fascino indiscutibile sul lettore e su ciò vale la pena soffermarsi. Una delle figure più enigmatiche ed inquietanti che l'immaginazione di Vian abbia mai creato è senza dubbio La Gloïre, ovvero il pescatore senza nome, identificato, mediante metonimia, con la sua imbarcazione, che nasce dalle pagine de *Lo strappacuore*. Questo strano personaggio viene avvistato da Giacomorto sulla strada per il villaggio, dedito ad un'attività tutt'altro che ortodossa: pescare con la bocca degli oggetti non meglio definiti da un misterioso ruscello rosso:

---

[83] *Ibid.*

Era un uomo piuttosto attempato. Aveva un volto scavato, gli occhi azzurri lontani. Era perfettamente rasato e i lunghi capelli biondi gli davano un'espressione insieme dignitosa e bonaria, ma la sua bocca, quando non si muoveva, era segnata dall'amarezza. Al momento l'uomo teneva fra i denti un oggetto che Giacomorto non fu in grado di identificare.[84]

Il protagonista, incuriosito, si avvicina, in cerca di spiegazioni su quanto appena visto. Il pescatore si accorge subito della condizione di straniero e di estraneo di Giacomorto, essendo questi totalmente ignaro del fatto che l'uomo appena incontrato sia, in realtà, colui che permette agli abitanti del villaggio di continuare a vivere, facendosi carico delle loro vergogne e dei loro crimini più inconfessabili, censurati e rigettati, confluiti per l'appunto nel ruscello rosso affinché qualcuno li assolva;

> Mi pagano perché abbia dei rimorsi al posto loro. Per tutto quello che fanno di male o di empio. Per tutti i loro vizi. Per i loro crimini. Per la fiera dei vecchi. Per le bestie torturate. Per gli apprendisti. E per le loro porcherie.[85]

Vian, in una nota, lo descrive come un

> «personnage qui est payé par les autres pour avoir honte à leur place et qui aura honte des massacres, des viols, des tortures, des suppliciés et des malheurs de toute la terre»[86].

Questa figura non può che evocare l'immagine di Cristo, colui che toglie i peccati del mondo, mondandoli e redimendoli. A questo punto può essere utile ricordare le parole di Cristo, riportate nel *Vangelo secondo Matteo*:

> *Mentre camminava lungo il mare della Galilea, Gesù vide due fratelli, Simone detto Pietro, e Andrea suo fratello, i*

---

[84] B. Vian, *Lo strappacuore*, Marcos y Marcos, Milano, 1993, pp. 50-51.
[85] Ivi, p. 52.
[86] E. Carassus, *L'arreche-cœur*, in AA. VV., *Boris Vian: Colloque de Cerisy*, direzione di N. Arnaud e H. Baudin, vol. I, 23 juillet-2 aout 1976, Union générale d'éditions, Paris, 1977, p. 414.

quali gettavano la rete in mare, perché erano pescatori. E disse loro: 'Venite dietro a me e vi farò pescatori di uomini'. Ed essi, lasciate subito le reti, lo seguirono. (Matteo 4:18-20)

Ci si può interrogare su quale sia la funzione del pescatore. Egli non fa altro che riportare a galla e alla luce il pesce, immerso nelle profondità, nascosto alla vista, dunque allegoria del lato oscuro degli uomini, delle loro vergogne. Appare chiaro che La Gloïre sia interpretabile come *figura Christi*, colui che si è ribellato alle crudeltà del mondo, colui che pur essendo venuto da un altrove si addossa tutta la vergogna, che altro non è che un sentimento di responsabilità assunto;

> [...] celui qui, tout révolté qu'il soit contre l'injustice et la cruauté sociales, ne s'en considère pas comme exempt. La solidarité avec le groupe humain se manifeste par la honte, qui est ainsi l'acceptation d'une responsabilité: on ne peut faire abstraction des autres, faire comme s'ils n'existaient pas at comme si on n'existait pas parmi eux. Sans doute la honte n'est que passive et ne détermine aucune prise de décision d'action positve. Jacquemort, comme La Gloïre, reste un isolé même s'il fait partie des habitants du village.[87]

Conferma di ciò è quanto viene detto dallo stesso pescatore, con parole che fanno luce sulla sua condizione presente e che suonano come una profezia nei confronti di Giacomorto:

> «Ma lei perché lo fa»? domandò Giacomorto. L'uomo alzò le spalle.
> «Prima di me c'era un altro» disse.
> «Ma come mai ha preso il suo posto?» insistette Giacomorto.
> «Il primo che si vergogna più di me prende il posto» disse l'uomo. «Finora in paese hanno fatto sempre così. Sono molto credenti. Si tengono stretti la loro coscienza.

---

[87] Ivi, p. 422.

Neanche un rimorso. Ma chi da segni di debolezza... Chi si ribella...»

«Lo imbarcano sulla Gloria...» concluse Giacomorto. «E lei si è ribellato».

«Oh!... adesso non capita più tanto spesso. Potrei essere l'ultimo. Mia madre non era di qui».[88]

Esattamente a questo punto inizia l'indentificazione tra i due; infatti, come sappiamo sin dall'inizio del romanzo, anche Giacomorto è estraneo al villaggio ed ai suoi riti, è un uomo senza passato, arrivato da non si sa dove, un uomo vuoto:

«Io sono nato l'anno scorso, ed ero già come lei mi vede. Dia un'occhiata alla mia carta d'identità».[89]

e ancora:

«Psichiatra. Vuoto. Da riempire. Un'avvertenza! Non la si può discutere. È stampato così».[90]

Non pare azzardato affermare che si tratti della continuazione di Wolf, il protagonista de *L'erba rossa*, morto per aver tentato di cancellare i suoi ricordi, morto per non aver potuto sopportare il peso del nulla e presentato, nella riga conclusiva del racconto, in questa maniera:

Nulla era potuto rimanere nei suoi occhi sbarrati. Erano vuoti.[91]

La parabola di Giacomorto inizia nel punto preciso in cui quella di Wolf si era conclusa. Per tutto il suo soggiorno nel villaggio egli non farà altro che cercare persone da psicanalizzare, sperando, in questa maniera, di assorbire la loro essenza, di colmare la propria assenza, di poter continuare a vivere per poi constatare, alla fine, la vanità di questa soluzione sostituendo La Gloïre nel suo ingrato e necessario lavoro, dopo aver scandagliato *ab imo* il suo animo:

---

[88] B. Vian, *Lo strappacuore*, op. cit., p. 53.
[89] Ivi, p. 27.
[90] *Ibid.*
[91] B. Vian, *L'erba rossa*, Marcos y Marcos, Milano, 1999, p. 148.

«È necessario che la persona che psicanalizzerò in questo modo mi dica tutto. Tutto. I suoi pensieri più intimi. I suoi segreti più strazianti, le sue idee nascoste, quello che non osa confessare neanche a se stesso, tutto, tutto e anche il resto, e ancora quello che gli sta dietro. Nessun analista l'ha fatto. Voglio vedere fino a che punto si può arrivare. Voglio desideri e brame, e prenderò quelli degli altri. La mia ipotesi è che, se finora non m'è rimasto niente, è perché non sono andato abbastanza lontano. Voglio realizzare una sorta d'identificazione. È mostruoso sapere che esistono delle passioni, e non provarle».[92]

Giacomorto e La Glöire, il pescatore "qui tollit peccata mundi", allegorie di Cristo, il *pêcheur des péchés* per antonomasia. Altri elementi rimandano ad un'interpretazione in chiave cristologica di questi personaggi. Primo fra tutti il colore rosso. Il rosso del ruscello, "color bava di sputasangue, d'un rosso chiaro e opaco"[93], infatti, evoca per forza di cose il sangue che non può non rimandare alla Passione. Il tutto è anche suggerito nella scena, per l'appunto, della crocefissione di un cavallo per mano di alcuni contadini e dai numerosi riferimenti religiosi sparsi tra le trame della storia, quali la figura emblematica del sacrestano, incarnazione di Satana, e la generale apparenza infernale dei luoghi descritti; tutte scene in cui predomina, indiscusso, il colore rosso.

"Le rapport du rouge et du sang est évident, ainsi que leur rapport – liaison d'ailleurs étymologique – avec la cruauté ou la crudité. Le rouge évoque le cœur, le saignant"[94], e di conseguenza rimanda alla morte, sottesa a tutta l'opera di Vian ed esplicitata, qui più che altrove, perfino nel nome del protagonista Giaco-*morto*. Nel rivolo, d'altronde, confluiscono tutte le cose morte, tutti i cadaveri di cui occorre sbarazzarsi, al più presto, prima che non possano più essere occultati sotto il pesante strato di acqua rossa, che, per certi versi, ricorda pure la quinta di un teatro, appunto ciò che cela la scena.

---

[92] B. Vian, *Lo strappacuore*, op. cit., p. 26.
[93] Ivi, p. 33.
[94] E. Carassus, *L'arrache-cœur* , in AA. VV., *Boris Vian: Colloque de Cerisy*, direzione di N. Arnaud e H. Baudin, vol. I, op. cit., p. 413.

Non a caso la tradizione cristiana sancisce che la redenzione umana avverrà soltanto mediante il sangue di Cristo e, alla stessa maniera, l'epurazione delle coscienze dalle cose morte avviene nel ruscello rosso che taglia il villaggio a metà. Inoltre, all'interno della parola Gloïre, è possibile rintracciare il nesso *or*, che a sua volta si ricollega all'oro (*or*) e al colore rosso (*rouge*). L'oro, perché gli abitanti pagano in oro la remissione dei peccati, l'oro nel quale vive La Gloïre, senza però poterne usufruire, dal momento che questo è il simbolo della vergogna. Nella tradizione, Caronte, traghettatore di anime, veniva pagato per compiere i suoi servigi, per trasportare i morti al di là della sponda del fiume infernale, in modo che essi non potessero più ripresentarsi nel mondo dei vivi. L'oro è così il frutto e il prezzo del sangue, e questo è apertamente denunciato anche nella novella *Les poissons morts*, dove l'oro guadagnato dal pescatore sanguina simbolicamente[95]. Vian, per mezzo di questa coppia denunciataria, vuole alludere all'inutilità dell'oro, e per esteso, del denaro:

> L'oro è inutile perché non può comprarci niente. Perciò è l'unica cosa che ha un valore. Non ha prezzo.[96]

Egli gioca sul doppio significato dell'espressione "non aver prezzo", che, se denota qualche cosa di un valore incommensurabile, contemporaneamente rimanda pure a ciò che è umile, appunto senza valore. Allegoricamente si possono vedere, anche in questo caso, due immagini del Cristo: una pura e incorrotta, rappresentata de La Gloïre, vestito di stracci, e dal suo mestiere di pescatore, quella dell'uomo che è condannato ad una vita di sofferenze, oppresso dai mali del mondo nella sua innocenza e quella opposta, l'altro lato della medaglia, costituito dall'oro da lui posseduto, dal lusso della religione e delle chiese di cui Vian vuole sottolineare la vacuità. Abbiamo una contrapposizione tra un Cristo umano, incarnatosi, vicino agli uomini, in grado di provare vera *com-passione* e i riti vuoti, sfarzosi e stereotipati dell'istituzione ecclesiastica, mostrata in tutta la sua ipocrisia. Il curato del borgo, rappresentante di questa

---

[95] Cfr. B. Vian, *Les poissons morts*, in Id., *Les fourmis*, Eric Losfeld éditeur, Paris 1965, pp. 95-113.
[96] B. Vian, *Lo strappacuore*, op. cit., p. 145.

concezione religiosa falsata, professa, infatti, a sua volta, la religione del lusso, tentando di offrire ai fedeli uno spettacolo impressionante e barocco, degno di una music-hall, come sarà detto ne *L'erba rossa*:

«Moine, canzonette, baci bei vestiti... il cattolicesimo e il music-hall, non fanno differenza».[97]

Magistrale, a questo proposito, è il combattimento di boxe tenutosi tra il curato e il sacrestano, personificazione del demonio, a mo' di predicazione di fede. Il tutto si volge su un ring davanti a tutta la popolazione accorsa per assistere ad uno spettacolo di violenza piuttosto che ad una rivelazione:

Il sacrestano sputò con negligenza uno spruzzo di fuoco piuttosto bello. Nonostante la lunga vestaglia, gli si vedevano bene i grandi peli sulle gambe e gli zoccoli forcuti. «Facciamogli un bell'applauso!» propose il curato. Gli applausi crepitarono, piuttosto fiacchi. Il sacrestano apparve offeso. «Si poteva» muggì il curato «fare a Dio cosa più gradita di uno di quei sontuosi combattimenti, nei quali eccelsero come organizzatori gl'imperatori romani, cultori del lusso per eccellenza?» «Ora basta» disse qualcuno. «Vogliamo vedere il sangue!»[98]

Scandagliando più a fondo, ci si accorge che la presenza di una religione ridicolizzata e parodiata è una costante dell'autore, tanto che in tutti i romanzi che vanno a comporre la tetralogia troviamo la figura di un curato, di un abate o di un missionario del Signore in vesti poco consuete, dedito ad attività non consone alla sua carica e portatore di un messaggio atto ad evidenziare le pecche e le contraddizioni della dottrina cristiana. Questo, nonostante Vian rifiuti apertamente la religione, è però sintomatico di un'inquietudine profonda del suo animo, che non ha mai trovato pacifica risoluzione né razionalizzazione. L'inconscio di Vian, sotto le

---

[97] B. Vian, *L'erba rossa*, op. cit., p. 92.
[98] B. Vian, *Lo strappacuore*, op. cit., pp. 162-163.

spoglie del ridicolo, riporta a galla la cocente delusione e la disillusione giovanile nei confronti del cristianesimo, incapace di portare consolazione agli uomini e di essere un compendio nella miseria della loro vita:

> [...] *Si je croyais en Dieu./Mais j'ai vu trop de haine/Tant et tant de peine/Et je sais, mon frère, qu'il faudra marcher seul/En essayant toujours/De sauver l'amour/Qui te lie aux hommes de la terre oubliée/Car tout au bout du chemin/Une faux à la main/La mort, en riant, nous attend pas pressée/Aussi mon ange à moi/Je cherche en ce monde/Pour gagner enfin ma part de joie/Dans ses bras.*[99]

La religione ha smarrito il suo ruolo fondamentale di guida, di riempitivo, e non ha fatto altro che creare, attorno agli uomini, un vuoto ancora più grande, tutta dedita com'è sempre stata alla materia piuttosto che alla sostanza. È colpa della religione, della sua ortoprassi se gli uomini si sono allontanati da Dio, e questo perché, una volta canonizzatasi, essa ha perso di vista il suo impulso originario, diventando nient'altro che una parodia di se stessa, sorda ai bisogni dell'umanità:

> «Il Dio di lusso disprezza i vostri modi miserabili, le vostre calzette sporche, le vostre mutande piene di macchie gialle, i vostri colletti neri e il tartaro dei vostri denti. Dio rifiuta il paradiso alle salse magre, ai galli mal guarniti, ai ronzini sfiancati. Dio è un grande cigno d'argento, Dio è un occhio di zaffiro dentro un triangolo sfavillante, un occhio di diamante sul fondo di un vaso da notte d'oro, Dio è la voluttà dei carati, i grandi misteri di platino, i centomila anelli delle cortigiane di Malampia, Dio, è un cero eterno, portato da un vescovo di velluto. Dio vive nel metallo prezioso, nelle liquide perle, nel mercurio ribollente, nel

---

[99] B. Vian, *Sermonette*, canzone citata in M. Rybalka, *Boris Vian: essai d'interprétation et de documentation*, Lettres modernes, Paris, 1969, p. 41.

cristallo dell'etere. Dio vi guarda, cagoni, e si vergogna di voi...»[100]

Questa delusione d'aspettative nei confronti della religione è apertamente denunciata ne *L'erba rossa*, il romanzo in cui Vian esorcizza i suoi fantasmi interiori mediante una psicanalizzazione del protagonista, il quale è uno dei suoi tanti doppi:

«Sono stato deluso dalle forme della sua religione»[101],

afferma Wolf durante la seduta di psicanalisi regressiva, giunto al capitolo "religione". Poi però i ricordi si affollano, inesorabili, e Wolf rivede davanti a sé tutte le aspettative di bambino, tutte le ansie metafisiche, il giorno della prima comunione, tutto ciò che non aveva mai avuto il coraggio di ammettere e aveva preferito relegare al giudizio del "non credere", minimizzando la questione ad un aut – aut, dove per forza di cose o si aveva fede o non la si aveva, e allora pareva la soluzione migliore proclamarsi atei, la più logica, la più tollerabile. Finché, solo con se stesso, capisce che le grandi domande non se ne sono andate, ma sono rimaste insolute. Ed è per questo che colpevolizza la religione, per non essere stata in grado di offrirgli un almeno illusorio sollievo:

[...] Delusione senza importanza... commedia risibile... e piccolo rimpianto di non sapere affatto se si è intravisto Gesù o ci si è sentiti male a causa del caldo, degli odori, del risveglio di primo mattino o del collo troppo stretto...
Il vuoto. Una misura per il nulla.[102]

È lo stesso sentimento che tormenta Colin, al funerale di Chloé, quando rivolge domande a Dio, domande che assillano l'uomo fin dalla sua creazione, che lo logorano ma che resteranno per sempre irrisolte:

Alzò gli occhi: davanti a lui, appeso al muro, c'era Gesù sulla croce. Pareva che si annoiasse e Colin gli chiese:

[100] B. Vian, *Lo strappacuore*, op. cit., p. 161.
[101] B. Vian, *L'erba rossa*, op. cit., p. 92.
[102] Ivi, p. 96.

«Perché Chloé è morta?»

«Declino ogni responsabilità in materia» disse Gesù. «E se parlassimo d'altro...»

«E chi se ne dovrebbe interessare?» domandò Colin.

Discorrevano a bassa voce e gli altri non sentivano la loro conversazione.

«Non certo io» disse Gesù.[103]

Il rimosso, si diceva, tutto ciò che si è preferito accantonare e abbandonare su uno scoglio, ma che è pur sempre presente, che ritorna allorché le onde ci si infrangono contro. A questo punto pare opportuno fermarsi sulla simbologia legata al mare e, più in generale, all'acqua. Si parlava del ruscello de *Lo strappacuore*, ma è possibile notare come l'elemento liquido sia una presenza costante, almeno nella trilogia che il libro va a comporre insieme a *La schiuma dei giorni* e *L'erba rossa*; Un caso a parte, infatti, è costituito da *L'autunno a Pechino*, il più enigmatico ed ermetico dei romanzi di Vian, dove l'acqua è totalmente assente, dunque mai menzionata, essendo la vicenda ambientata in Exopotamia, in un remoto deserto (luogo per definizione caratterizzato dall'assenza di acqua, dove l'acqua appare dunque come miraggio e allucinazione salvifica). Sul significato di quest'ostentata censura si tenterà poi di dare una spiegazione. Intanto si possono rievocare le scene più significative degli altri tre romanzi. Nelle ultime pagine de *La schiuma dei giorni* troviamo Colin, forse un nuovo Narciso, forse un disperato Orfeo, abbandonato a specchiarsi in un lago, sporgendosi sulle sue rive, alla ricerca della ninfea assassina che ha condannato a morte l'amata Chloé o forse alla ricerca di sé. Ne *L'erba rossa* Wolf entra ed esce continuamente da un mare liscio e sconfinato ogni qualvolta la macchina per attraversare i ricordi lo rigetta sulle spiagge della propria infanzia. E ancora ne *Lo strappacuore* assistiamo alla dipartita di Angelo, a bordo di una misera zattera auto-costruita, verso luoghi lontani e sconosciuti, per affidarsi alle cure delle onde. Jung afferma che il mare non è mai vuota metafora,

---

[103] B. Vian, *La schiuma dei giorni*, Marcos y Marcos, Milano, 1992, p. 249.

ma che oltre alla sua funzione creatrice, dunque di madre, messa in luce in molte tradizioni religiose, esso è forma dell'inconscio:

> L'acqua è simbolo più corrente dell'inconscio. Il lago della valle è l'inconscio che giace, per così dire, al di sotto della coscienza; perciò esso è spesso indicato come "subconscio", non di rado con la tonalità negativa di coscienza di qualità inferiore.[104]

Appare evidente come anche il ruscello de *Lo strappacuore* coincida quindi con il subconscio della collettività, del villaggio, con la zona d'ombra dove si affollano gli impulsi repressi e mai ammessi che necessitano di un esorcismo per essere scacciati, poiché una vita divorata dai rimorsi è insostenibile. Allo stesso modo pure il mare di Wolf simboleggia il suo Es; a mano a mano che, durante la psicanalisi retrospettiva, si abbattono le strutture della coscienza, Wolf si trova circondato e abbracciato da un ignoto mare che lo attira a sé, nel quale egli finirà per abbandonarsi. Il prezzo da pagare per essersi bagnati nei propri ricordi, nel proprio subconscio, è insopportabile; non rimane altra soluzione oltre al suicidio:

> «È mortale, trascinarsi dietro quanto si era stati prima»[105],

sancirà Wolf, profetico sul proprio epilogo.

Anche per Colin che, non riuscendo a sopportare il peso dell'iniziazione alla vita, alle sue sofferenze, se ne sta affacciato alla perenne ricerca di qualcosa che egli intravede o crede di vedere, l'acqua sancirà la morte. Il suicidio del personaggio, non confessato ma alluso per mezzo dell'auto-sacrificio del suo animale domestico, il topolino grigio dai baffi neri, è necessario, dacché sarà attraverso la superficie traslucida e riflettente dello specchio d'acqua che Colin prenderà coscienza del suo *status* di adulto, del suo ingresso nel modo sociale e mortifero delle consuetudini; e non potrà accettarlo. Colin rigetta sull'immagine della ninfea tutte le sue delusioni, alla ricerca di un capro espiatorio da eliminare; ma questo non sarà che

---

[104] C. G. Jung, *Gli archetipi e l'inconscio collettivo*, Boringhieri, Torino, 1980, p. 17.
[105] B. Vian, *L'erba rossa*, op. cit., p. 144.

un vano e inutile tentativo di ribellione, poiché, sulla superficie piatta dell'acqua, egli non vede che se stesso:

«Se ne sta sul bordo dell'acqua» disse il topo «aspetta, e, quando è l'ora, va sulla passerella e si ferma in mezzo. Vede qualcosa».
«Non può vedere granché» disse il gatto. «Magari una ninfea».[106]

Colin è uscito dall'adolescenza: è questa la sua malattia mortale. Il suo inconscio gli rivela ciò che la sua ragione vuole a tutti i costi obnubilare:

Chi guarda nello specchio dell'acqua vede per prima cosa, è vero, la propria immagine. Chi va verso sé stesso rischia l'incontro con sé stesso. Lo specchio non lusinga; mostra fedelmente ciò che in esso si riflette, e cioè il volto che non esponiamo mai al mondo perché lo veliamo per mezzo della Persona, la maschera dell'attore.[107]

Risulta ora opportuno indagare la figura della ninfea che si annida nel polmone di Chloé e ne assorbe la vita. Il primo sintomo della malattia si presenta nel capitolo XXII, all'uscita della chiesa, non appena terminata la sontuosissima cerimonia di nozze tra Colin e Chloé. La ragazza, dopo aver gettato un ultimo sguardo ai fiori sull'altare, sentendo il freddo del vento sulla pelle, inizia a tossire e si rifugia nel calore della vettura. Da questo preciso instante inizia la parabola discendente che colpirà tutti i protagonisti della storia, conducendoli a morte. Amore e morte, dominanti reciprocamente la prima e la seconda parte del romanzo, in questo momento si congiungono indissolubilmente nella figura della ninfea. Infatti l'altare, ricoperto di fiori per la celebrazione dell'eterna unione, può rimandare persino a ciò che di questa costituisce il rovescio, ovvero alla separazione perpetua, alla funzione funeraria. Non a caso il terribile male che uccide la giovane donna sarà incarnato da un fiore. Ora, nella mitologia, Ninfea era il nome di una ninfa delle fonti

---

[106] B. Vian, *La schiuma dei giorni*, op. cit., p. 255.
[107] C. G. Jung, *Gli archetipi e l'inconscio collettivo*, op. cit., p. 19.

che, innamorata di Ercole e non corrisposta, morì dal dolore. Gli dèi, impietositisi, la tramutarono in uno splendido fiore. La ninfea quindi porta in sé, genericamente, uno stigma del dolore, qualcosa di mortale e pertanto

> [...], parmi d'autres possibilités symboliques, la vieillesse et la mort qui nous saisissent dès que nous quittons – métier ou mariage – le temps béni de l'adolescence, le temps de l'insouciance. Du rêve naïf, de la gratuité et de la beauté [...].[108]

Ma il fatto che la ninfea, sineddoche della malattia, compaia nel momento in cui Colin e Chloé sanciscono mediante rito il loro passaggio alla vita adulta e responsabile, lascia intendere che il suo significato non si esaurisca nel mito, ma che esso sia pregno di ben altre valenze. In primo luogo mi pare che Chloé possa essere assimilata alla ninfea a causa della sua pelle diafana, tanto che nei canovacci de *La schiuma dei giorni*, pubblicati da Michael Rybalka, si legge:

> Elle était un peu fragile. Sur ses mains, on lui voyait bleues fleurs de lin[109].

Inoltre, il nome Chloé deriva dal greco Khloê, che significa la verdeggiante, l'erba nascente. Da ciò si desume che in realtà Chloé non è altro che l'antropomorfizzazione del desiderio di Colin. E il desiderio permea già il linguaggio, poiché, come ha dimostrato Sartre ne *L'essere e il nulla*, non si desidera mai un corpo, ma una coscienza incarnata. Colin, mediante la parola, è il catalizzatore della propria volontà, la quale di conseguenza realizza e attende le sue aspettative, tanto che è sufficiente che egli espliciti il suo amore per la luce che immediatamente ben due soli si ergano e si mettano a splendere ai due lati del suo appartamento. Allo stesso modo si arriva alla materializzazione di Chloé attraverso tre passaggi, che

---

[108] G, Pestureau, *Souvenirs de lectures anglo-saxonnes*, in N. Arnaud (direzione di), *Boris Vian de A à Z*, in "Obliques: littérature, théâtre", n° 8-9, numéro spécial, 1976, p. 167.
[109] M.Gauthier, *L'écume des jours: profil d'une œuvre*, Editions Hatier, Paris, 1975, p. 92.

segnano il progressivo acuirsi del desiderio del giovane uomo di trovare una compagna.

> Si chinò per cogliere un'orchidea azzurra e rosa che il gelo aveva fatto spuntare dal terreno. [...] «Domani troverò di sicuro una ragazza...»[110];

è Colin che decide il momento stesso dell'incontro con la sua amata ed è per la sua stessa volontà che un fiore nasce dal gelo. Già in questo passaggio è suggerita l'identificazione della donna con un fiore, associazione esplicitatasi nel punto centrale del romanzo, allorché Chloé viene infettata dalla ninfea e che conferma la tesi secondo cui la donna non è altri se non la forma esteriore di una sua pulsione interiore. Inoltre nell'appartamento di Colin risuona la *Chloé* arrangiata da Duke Ellington; siamo ormai vicini al fatidico incontro: la donna, da ora, ha un nome.

> «Io vorrei essere innamorato» disse Colin. «Tu vorresti essere innamorato. Egli vorrebbe idem (essere innamorato). Noi, voi, vorremmo, vorreste esserlo. Essi pure vorrebbero innamorarsi»[111],

perché d'altronde si sa,

> Solo due cose contano: l'amore, in tutte le sue forme, con ragazze carine, e la musica di New Orleans o di Duke Ellington. Il resto sarebbe meglio che sparisse, perché il resto è brutto[112];

ecco che arriva Chloè. Ora, riprendendo Barthes, sappiamo che l'innamorato in realtà ama l'amore, secondo la figura dell'annullamento:

> ANNULLAMENTO Accesso di linguaggio durante il quale il soggetto giunge ad annullare l'oggetto amato sotto il volume dell'amore stesso: con una perversione

---

[110] B. Vian, *La schiuma dei giorni*, op. cit., pp. 37-38.
[111] Ivi, p. 49.
[112] Ivi, premessa, p. 15.

propriamente amorosa, il soggetto ama l'amore, non l'oggetto.[113]

Possiamo coerentemente desumerne che Colin è il compositore attivo, Chloé la sua melodia, la sua creazione:

> Chacun, pour éviter l'angoisse de son propre vide, pour avoir l'impression de se trouver devant un objet désiré, produit sa propre fantasmatique : le fantasme est élaboré sous la pensée de différentes sources pulsionnelles[114].

Ora, sublimare una pulsione, come Freud ci ha mostrato, è conferirle una dimensione sensibilmente umana, una fisicità, ma ciò implica, per forza di cose, la distruzione stessa della pulsione, poiché la materia è soggetta a corruzione[115]. Che il mondo istintuale sia fondamentalmente conflittuale non è un mistero e nell'uomo risiedono due forze contrastanti che Freud ha identificato con pulsione di vita e pulsione di morte, dove la pulsione di vita, raffigurata da Eros già nel *Simposio* platonico per via del suo valore conservativo, tende alla progressione, sia essa di sé o della specie. Questa forza è però equilibrata dal suo contrario, dal movimento regressivo verso il ristabilimento di uno stato anteriore e che coincide quindi con la distruzione, rappresentata da Thanatos, il ritorno allo zero.

> Une analyse empirique amène à définir deux groupes de pulsion: celles qu'on appelle «pulsions du moi», ayant pour bout l'auto-conservation; et les «pulsions d'objet», concernant les relations à l'objet extérieur. [...] La spéculation théorique amène à supposer l'existence de deux pulsions fondamentales, qui se dissimulent derrière les pulsions manifestes, soit du moi, soit d'objet ; à savoir : d'une part, l'Eros, c'est-à-dire la pulsion qui tend à une union toujours plus grande ; et d'autre part, la pulsion de

---

[113] R. Barthes, *Frammenti di un discorso amoroso*, Einaudi, Torino, 1979, p. 28.

[114] D.L. Hainault, *Boris Vian; peintre verbal de L'écume des jours*, in N. Arnaud (direzione di), *Boris Vian de A à Z*, in "Obliques: littérature, théâtre", op. cit., p. 131.

[115] Cfr. A. Jarry, *De la représentation de la mort à la pulsion de mort: "L'écume des jours" de Boris Vian*, in *Psychanalyse à l'Université*, vol. 7, n° 27, 1982, pp. 399-404.

destruction, qui mène à la dissolution de ce qui est vivant.[116]

Colin rigetta la sua pulsione di morte verso l'esterno, verso l'oggetto-Chloé, instaurando con esso quel che viene chiamato meccanismo sadico, secondo il quale l'oggetto deve essere necessariamente volto alla distruzione perché il soggetto possa trarne soddisfazione. C'è un'ambivalenza fondamentale del desiderio, secondo cui

> L'investissement libidinale de Colin jaillit dans toute sa brutalité primaire et draine avec lui des éléments instinctuels agressifs. Son objet d'amour va ainsi être infiltré de motions destructrices : il faut ainsi voir dans le nénuphar qui dévore Chloé le représentant expulsé, injecté à l'intérieur de l'objet, de l'agressivité de Colin[117]

Si ricalca in questa maniera la dialettica propria del desiderio umano, secondo cui la realizzazione coincide necessariamente con l'estinzione. Si fa allora strada una delle tematiche distintive della poetica di Vian: l'usura della donna-oggetto per mano dell'uomo-soggetto, la quale trova la sua piena formulazione in un passo de *L'autunno a Pechino*:

> È vero che non resterà molto da fare, una volta passata per le mani di Anne, lei sarà già talmente sciupata, sfiorita... occhiaie, chiazze sulla pelle, muscoli flaccidi... rodata, insozzata, affolosciata. La campana e il suo batacchio. Un po' di spazio in mezzo. Più niente di fresco. Niente di intatto. Averla avuta invece prima di Anne! La prima volta. Il suo odore ancora nuovo.[118]

Pare la descrizione di una donna afflitta da un morbo incurabile, che la sta divorando dall'interno, tale è appunto Chloé. In una celebre formula Heinrich Heine si domandava se la poesia non fosse essa stessa una malattia, come la perla per l'ostrica. È possibile, a mio

---

[116] Ivi, p. 391.
[117] A. Costes, *Le désir de Colin*, in AA. VV., *Boris Vian: Colloque de Cerisy*, direzione di N. Arnaud e H. Baudin, vol. I, op. cit., pp. 175-176.
[118] B. Vian, *L'autunno a Pechino*, Sellerio, Palermo, 1999, p. 215.

avviso, estendere un parallelo tra l'affermazione di Heine e *La schiuma dei giorni*. Nell'ottica del romanzo la Poesia è rappresentata dall'Amore, ovvero un altro tipo di formulazione del desiderio che anima l'uomo. Ora, ciò che Colin anela è appunto l'amore-perla, ma per arrivare a soddisfare il suo impulso deve prima distruggere l'oggetto che lo contiene, la forma esteriore di ciò che è invece celato e inconfessato, Chloé in questo caso, secondo il procedimento analogo a quello che permette l'estrazione della perla dall'ostrica:

> Both the "idea" and his *usure* are symbolized by the flowers that smother her like his all-encompassing obsession and, in particular, by the "*nénuphar*".[119]

Inoltre a raccordare l'immagine del fiore con quello dell'impulso inconscio dell'usura, anche sessuale, è una nota di Vian stesso, il quale dichiara:

> Pour moi ce ne sera pas le chèvre-feuille, ce sera le nénuphar, et je vais lui donner une valeur sexuelle[120],

e pure un appunto di Plinio che ci informa di come la ninfea sia un rimedio utilizzato per dissipare gli slanci erotici:

> Les ermites d'Égypte s'en servaient pour mieux supporter les rigueurs du célibat. Les auteurs modernes sont d'accord puor lui reconnaître une action anaphrodisiaque.[121]

Infatti, alla fine, Colin, specchiandosi nell'acqua, vede affiorare una ninfea, segno della sua volontà, del suo Sé, alla maniera di Narciso, e finirà per suicidarsi, forse non potendo sopportare la distruttività che il desiderio porta con sé o forse per abbracciarlo nei suoi contrasti, per accettarlo ed assumerselo.

---

[119] A. Jarry, De *la représentation de la mort à la pulsion de mort: "L'écume des jours" de Boris Vian*, op. cit., p. 337.

[120] G. Pestureau , *Souvenirs de lectures anglo-saxonnes*, in N. Arnaud (direzione di), *Boris Vian de A à Z*, in "Obliques: littérature, théâtre", op. cit., p. 180.

[121] *Discussion*, in AA. VV., *Boris Vian: Colloque de Cerisy*, direzione di N. Arnaud e H. Baudin, vol. I, op. cit., p. 476.

Il cerchio si chiude e ritorniamo quindi a fior d'acqua, sulla superficie del mare. Il mare, com'è noto, è pure simbolo dell'inconfessato desiderio di regressione *ad originem*, del ritorno alla madre. In francese l'omofonia dei termini *mer* (mare) e *mère* (madre), sulla quale Vian gioca, suggerisce ancor più questa traslazione; ciò vale per Angelo de *Lo strappacuore*. Dopo la nascita dei tre gemelli e la fine del suo rapporto con la moglie Clementina, ad Angelo non rimane che il desiderio di abbandonare tutto, sogno che prende forma e si realizza nella sua decisione di tornare al mare, accolto e protetto nel ventre del suo battello. Il suo intento è esplicitato nella conversazione con lo psichiatra Giacomorto, poco prima della partenza:

> «Ha provviste a bordo?»
> «Ho acqua e un po' di lenze».
> «Nient'altro?»
> «Pescherò. Nel mare c'è di tutto».
> «Ah! Lei ce l'ha proprio il suo complesso»[122].

Il riferimento è chiaro: allo psichiatra non sfugge il complesso edipico in senso freudiano. A questo proposito Jean-Pierre Vernant, nel suo *Edipo senza complesso*, mostra come in realtà l'interpretazione freudiana sia una mistificazione del significato originario del mito. Lo spirito originale della tragedia poneva, infatti, il problema della responsabilità e della conoscenza. Sulla base di questa prospettiva recuperata mi pare possa essere letta la vicenda di Angel, ne *L'autunno a Pechino*.

Il romanzo, che non inizia e non finisce ma si chiude su se stesso, non fa altro che raccontare l'iniziazione del protagonista alla vita. Angel compierà un percorso che lo condurrà ad una nuova consapevolezza, ad un più altro grado di coscienza. La trasformazione che Angel subisce si traduce nel modo di guardare il mondo: Angel impara a vedere, e il tema dello sguardo non può che collegarsi ad Edipo. Gli occhi, infatti, sono strumento di conoscenza, organi mediante i quali l'uomo riceve i dati del mondo sensibile per

---

[122] B. Vian, *Lo strappacuore*, op. cit., p. 119.

poi rielaborarli ed apprenderli. La vista, dunque, come primo passo verso l'apprendimento della Verità. Nella prima parte della vicenda, troviamo un Angel che non vede altro al di fuori di sé, mosso soltanto dai suoi impulsi interiori (Rochelle, l'oggetto del desiderio, e Anne, il suo amico-nemico) e che quindi rifugge dal suo destino di farsi uomo. Ciò che Angel apprenderà, grazie al supporto dell'abate Petitjean, è che ci sono altre cose intorno, come la sabbia, il sole, l'eremita, la ferrovia, e che queste non possono essere denegate, perché è nostro destino incontrale, così come il destino di Edipo si compirà, nonostante il tentato rigetto. Il senso che domina incontrastato la narrazione è senza alcun dubbio quello della vista, così come gli occhi la fanno da padrone.

Non mi pare azzardato instaurare un parallelo con l'operazione perseguita da Pasolini nel suo *Edipo Re* (ambientato, chissà se casualmente, in un deserto primigenio, del tutto similare all'Exopotamia), per quanto concerne la focalizzazione dell'attenzione sull'importanza della poetica dello sguardo nel mito. Pasolini riprende ed enfatizza il ruolo primario degli occhi nel processo conoscitivo tanto che Edipo, ogni qualvolta vuole rifuggire la verità, simboleggiata dal sole, si protegge la vista con una mano. La verità, a sua volta, in Pasolini, è la cifra del mistero, che per essere indagato può soltanto essere contemplato, appunto guardato e mai esplicato mediante parole: mistero, infatti, deriva dal greco "mystèrion", *cosa da tacere*. È questo che Angel vede alla fine del suo ciclo, un mistero, e lo si capisce perché ormai non si preoccupa nemmeno di dare senso alla realtà, di indagarne l'intricato enigma (inteso nella sua accezione pasoliniana): Angel vede, dunque conosce e, cosa ben più importante, si conosce.

> - Cos'altro vede?»
> Il viso di Angel sembrava poco alla volta rischiararsi.
> - C'era il mare – disse. – Mentre venivo qui. I due ragazzini sul ponte. Gli uccelli.
> - Pensi anche soltanto a questo sole. Non le basta?
> - Non è male... - disse Angel lentamente. – Ci sono l'eremita e la negra.

- E l'amica di Athanagore...

- Mi lasci cercare – disse Angel. – C'è un mucchio di cose da vedere.

Guardò la boccetta.

- Ma si vedono anche Anne e Rochelle... - mormorò.

- Si vede quello che si vuole – disse Petitjean. – E poi va bene vedere, ma non è sufficiente.

- Forse si possono fare delle cose... Aiutare gli altri...

Ridacchiò.

- E già qui siamo bloccati. Capisce, si può anche uccidere Anne e Rochelle...

- Naturalmente.

- E costruire ferrovie che non servono a niente.

- Certo.

- Allora?...

- Allora, è tutto qui quello che vede?

Petitjean si sedette sulla sabbia accanto ad Angel.

- Allora beva – disse. – Se ha così poca immaginazione...

Rimasero in silenzio. Angel rifletteva e aveva la faccia tirata.

- Non so – disse. – Trovo cose da vedere, da sentire, ma da fare... ancora nessuna. Non posso ignorare quello che ho già fatto...

- Ma quanto rompe! – disse Petitjean. – Non stia a cavillare: beva.

Angel mollò la boccetta. Petitjean non fece nemmeno il gesto di raccoglierla ed essa si vuotò rapidamente. Angel era contratto e teso, poi i muscoli gli si rilassarono e le mani gli penzolarono inerti. Rialzò la testa e tirò su con il naso.

- Non so... - disse. Vedere... per cominciare mi basta. Si deve vedere lontano quando non si ha più voglia di nulla.

- È sicuro di vedere? – domandò Petitjean.

- Vedo un mucchio di cose. Ci sono tante cose da vedere...

- Quando se ne sono viste molte, si sa quello che si deve fare.

- Si sa sempre quello che si deve fare... - ripeté Angel.

- È semplice...

Angel non disse niente, qualcosa gli ronzava nella testa.[123]

Ormai unitosi in una sorta di rito simbolico al suo doppio Anne, egli è ora in grado di cogliere il mistero, l'essenza nascosta dietro alle parole dell'amico, ciò che un tempo gli pareva insopportabile, un po' come la luce del sole all'occhio nudo:

> Ci sono tante cose. Per esempio prendi quest'erba verde e appuntita. Basta solo toccare questa erba verde e far scricchiolare tra le dita un guscio di lumachina gialla, su questa sabbia asciutta e calda, e guardare i granellini bruni e lucenti che vi sono mescolati, e sentirla scorrere tra le dita. E vedere una rotaia nuda, grigia e fredda, che risuona argentina, e il vapore uscire da un tubo di scarico, o che altro... che ne so... io...[124].

Un'altra formulazione dello stesso mito, la si ritrova poi nella novella *L'amore è cieco*, dove si immagina che strati di nebbia stiano cadendo pian piano su una cittadina, oscurando totalmente la visuale agli abitanti. Qua, al contrario, è però esaltato lo stato d'inconsapevolezza, il rimpianto della spensieratezza del non-vedere che coglie Edipo nel suo tragico epilogo, dunque l'eclissi della ragione in quanto condizione che, pur se illusoriamente, mantiene al riparo dalla dura verità del mondo;

> Nel frattempo la radio segnalò che degli studiosi avevano notato una regressione regolare del fenomeno e che lo strato di nebbia si abbassava di giorno in giorno.
>
> Ci fu un gran consiglio, vista la gravità della minaccia. Ma si trovò in fretta una soluzione, perché il genio umano ha mille sfaccettature, e quando la nebbia si dissipò, come indicavano gli speciali strumenti segnalatori, la vita poté continuare felice, perché tutti si erano cavati gli occhi.[125]

---

[123] B. Vian, *L'autunno a Pechino*, op. cit., p. 310-311.

[124] Ivi, p. 176.

[125] B. Vian, *L'amore è cieco*, in Id., *Il lupo mannaro*, Marcos y Marcos, Milano, 1994, p. 69.

Ci si chiede ora se la conoscenza cui attinge Angel sia soltanto quella della vita o se il suo apprendistato non alluda ad un'iniziazione nel senso più proprio del termine. Molti elementi sembrano permettere questa lettura più esoterica, anche alla luce del fatto che *L'autunno a Pechino* è senza dubbio il romanzo più ermetico ed enigmatico di Vian, pregno di simboli ed allegorie. E la definizione stessa di simbolo mi pare che legittimi questo tipo di lettura:

> Le symbole authentique naît d'une adhésion directe de l'esprit à une forme de pensée naturellement figurée[126],

quale è quello sotteso al metaforico risveglio di Angel e, con lui, della sua autocoscienza. Giustamente i simboli non possono essere tradotti, ma questo non nega che possano essere identificati e riconosciuti.

Innanzi tutto sembra che i protagonisti siano tripartiti e che ogni gruppo aspiri ad un diverso grado della conoscenza: aerea per il professor Mangemanche e il suo modellino del Ping 903, terrestre per Amadis Dudu con la sua ferrovia, e sotterranea per Athanagore con i suoi scavi. Il sapere cui si allude è la Saggezza suprema, la Pietra filosofale: in Exopotamia ci sono tutti quelli che si sono dati alla sua ricerca. Tanti, infatti, sono i rimandi e le relazioni che l'opera intrattiene con l'alchimia, e la pietra filosofale era esattamente il fine delle pratiche alchemiche. Possiamo notare come le camicie gialle di Mangemanche, continuamente nominate, sino alla ridondanza, poi ereditate da Angel alla morte di questi, possano avere un valore in questo senso. Ora, secondo Hélvétius la pietra filosofale era di un colore giallo intenso; basta calcare la mano sul colore più del dovuto ed ecco che l'identificazione è avvenuta. Tra i nomi dei personaggi troviamo Athanagore, che rimanda immediatamente all'*atanor*, il forno alchemico atto alla trasmutazione. Questi indizi spingono ad andare avanti nel testo, finché ci si accorge che tutto il romanzo è permeato da simboli alchemici, disseminati o camuffati. Angel, il protagonista, è la

---

[126] M. Raymond, *De Baudelaire au surréalisme*, Librairie José Corti, Paris, 1989, p. 50.

traduzione di *angelo*, e la figura dell'angelo viene interpretata da Jung, attento studioso delle dottrine esoteriche, come la personificazione delle forze inconsce che si presentano alla coscienza; i conflitti interiori del protagonista costituiscono la vera progressione della narrazione e l'unica trama rintracciabile. Anche il ferro, altro elemento importantissimo nell'alchimia, è ben presente, sotto forma della ferrovia che deve essere costruita nel bel mezzo del deserto. Allo stesso modo non manca il rame, personificatosi addirittura nella donna di nome Cuivre (traduzione francese di *rame*). Ancora Jung ci informa che quando parla di metalli, l'alchemico, parla di simboli e che "il ferro è Marte, mentre il rame è Venere"[127]. Ecco ancora che Cuivre diventa la dea della bellezza, la venere dalla pelle nera, il cui colore è il lavanda, non a caso, nome dell'altra donna (Lavande) presente in Exopotamia[128]. Non è poi trascurabile la ciclicità del tempo dell'opera, simbolicamente sintetizzato nell'*ouroboros*, il serpente che si nutre della sua stessa coda, utilizzato persino da Nietzsche come testimone dell'eterno ritorno, posto a simbolo di un tempo che ritorna sempre, uguale a se stesso. Nella dottrina dell'eterno ritorno la vita può essere vissuta fino in fondo, poiché ogni atto ha valore assoluto, non soggetto alle leggi del tempo lineare, secondo le quali ogni istante divora quello successivo, in un rincorrersi distruttivo, come Crono che divora ciò che ha generato. L'assolutizzazione della vicenda, il suo ripetersi incessante, permette dunque di estrarne un'esperienza esemplare, appunto mitica. Questo alone di mito archetipo pare infatti invadere l'Exopotamia, la quale sussiste al di là e al di fuori dell'esperienza dei personaggi. Nei suoi *passaggi*, spazio incontaminato della volontà creatrice dell'autore, atti a collegare i fili della storia, Vian ci dice che in Exopotamia ci sono *già* delle persone, anche se, rispetto a noi che leggiamo, non sono state introdotte, e che una volta chiusasi la peripezia del protagonista

---

[127] C. G. Jung, *Mysterium coniunctionis*, in Id., *Opere*, vol. XXIV, tomi I, II, Boringhieri, Torino, 1990, p. 458.

[128] Cfr. N. Arnaud, *L'automne a Pékin*, in N. Arnaud (direzione di), *Boris Vian de A à Z*, in "Obliques: littérature, théâtre", op. cit., pp. 5-15.

è stato deciso di inviare in Exopotamia un'équipe di tecnici e di personale esecutivo per studiare la possibilità di costruirvi una ferrovia [...]. La composizione della spedizione sarà dunque la seguente: una segretaria, due ingegneri, due elementi esecutivi e tre autisti di camion[129],

reiterando lo schema della vicenda appena conclusasi. Sapere che tutto ritornerà, esattamente come è stato vissuto, è terribile e soffocante, se non fosse che Vian pare lasciare un margine all'evoluzione, quando afferma che la ferrovia avrà "un percorso diverso dal precedente, onde evitare l'increscioso incidente che ha segnato la fine dei primi lavori"[130]. Questa rettificazione lascia sì intendere che Angel e compagni non siano altro che un momento storico e contingente di un tempo infinito, appunto assoluto, ma non che

les situations qui reviennent ainsi cycliquement aient toujours le même sens : bien au contraire, leur retour est en relation directe avec les transformations qui habitent les personnages[131].

Ne consegue che il racconto ha valore universale, ma non certo senso assoluto poiché il ritorno delle strutture è necessitato dall'evoluzione che avviene a livello dei singoli personaggi. Altro elemento alchemico di capitale importanza è poi l'acqua; in alchimia l'acqua si trova all'interno della materia come *Anima Mundi*, in qualità di principio vitale ricavato mediante *separatio*, la scomposizione nei quattro elementi. Notiamo come l'acqua sia totalmente assente nel mondo dell'Exopotamia, condizione che apparentemente pare giustificata dall'ambiente desertico. Il mare viene attraversato dai protagonisti per giungere in Exopotamia e da lì in poi scomparirà del tutto. In chiave junghiana si potrebbe forse dedurre che da quel preciso instante abbia inizio il viaggio di Angel all'interno del proprio Sè, nella terra di nessuno. Al termine del processo di

---

[129] B. Vian, *L'autunno a Pechino*, op. cit., p. 319.
[130] *Ibid.*
[131] N. Arnaud, *L'automne a Pékin*, in N. Arnaud (direzione di), *Boris Vian de A à Z*, in "Obliques: littérature, théâtre", op. cit., p. 14.

rinnovamento e di congiunzione con il suo inconscio, infatti, Angel, afferma:

> - Vedo questa sabbia. Questa ferrovia...[132]

e prosegue, incitato dalla sua guida Petitjean:

> - C'era il mare – dise. – Mentre venivo qui. I due ragazzini sul ponte. Gli uccelli[133].

Se ci si attiene all'interpretazione "psicocritica" si può notare dunque come Angel abbia finalmente preso coscienza del proprio rimosso, come sia in grado di accettarlo e di risolverlo all'interno di sé. A questo tipo di analisi sfuggono però gli altri tre elementi, ovvero la sabbia, la ferrovia e gli uccelli, che invece paiono trovare esplicazione qualora li si illumini mediante la dottrina alchemica. La sabbia, com'è chiaro, sta per la Terra, la ferrovia sta per il Fuoco, tanto che, in alchimia, è materia presieduta da Marte, mentre gli uccelli stanno per il Cielo. Acqua, Aria, Terra e Cielo, le quattro *Radices* sono scoperte. Angel, al pari di un alchemico, con la sua nuova coscienza è ora in grado di distinguerli, di isolarli dal caos primigenio della materia in cui sono fusi, sa ordinare la Natura: per lui è decisamente la *rubedo*.

Ancora, gli alchemici affermavano che il sole fosse un astro freddo e che i suoi raggi fossero oscuri ed ecco comparire misteriosamente delle bande di luce e delle bande d'ombra, che si alternano sul suolo sabbioso dell'Exopotamia. A mio avviso, però, l'alternanza di sole e tenebre è identificabile con gli stadi alchemici, rispettivamente la *rubedo* e la *nigredo*, che il protagonista attraverserà prima di rinascere. La *nigredo* rappresenta il Χάος primigenio, fase in cui la materia si discioglie. Sarà qui che avverrà la sparizione di Mangemanche, il suo suicidio:

> Questa volta Mangemanche non cambiò direzione. Teneva il volante con mano ferma e pigiava al massimo sull'acceleratore. Ebbe l'impressione di fiondarsi incontro a

---

[132] B. Vian, *L'autunno a Pechino*, op. cit., p. 310.
[133] *Ibid*.

un muro. La zona nera s'ingigantì, gli invase tutta la visuale, e la vettura scomparve di colpo in mezzo alle tenebre fitte.[134]

Anche Angel, prima della sua rinascita, attraverserà questa fase, addentrandosi per qualche minuto nella zona oscura, momento che suona come un preludio alla trasformazione che dovrà concludersi:

> La frangia d'ombra si avvicinava, innalzando indefinitamente una muraglia nuda e opaca, più invitante di un'ombra vera, perché equivaleva piuttosto a un'assenza di luce, a un vuoto compatto, a una soluzione di continuità di cui niente interveniva a disturbare il rigore.
> Ancora pochi passi e Angel si sarebbe trovato nel buio pesto. Era ai piedi della muraglia e tese timidamente la mano. Questa scomparve davanti ai suoi occhi e lui avvertì il freddo dell'altra zona. Senza esitare vi penetrò, e il velo scuro lo avvolse di colpo.[135]

Angel si sente invadere il sangue dall'ombra, come se le sue membra si disciogliessero e si separassero dal suo corpo, assorbite da una forza arcana: esattamente quello che avviene alla materia durante la *nigredo*. Poi per lui sarà l'*albedo*, favorita dall'uomo metallo, ovvero Cuivre, la donna di rame che rappresenta lo stadio iniziale dell'Opera, della trasformazione, ma anche il metallo per colore più vicino all'oro che prelude alla successiva trasformazione dell'uomo in uomo Aureo, fase finale del percorso iniziatico;

> Cuivre est là pour aider Angel a à parcourir un peu du chemin qui mène à la Sagesse.[136]

Tutto ciò conduce quindi alla *rubedo*, al compimento, in cui le sostanze si fissano, si ricompongono nella loro nuova unità, che è simboleggiata dal sole, appunto dalle bande luminose alle quali Angel risalirà dopo la discesa nella cava-*atanor*. Infatti ciò che

---

[134] Ivi, p. 247.
[135] Ivi, pp. 179-180.
[136] N. Arnaud, *L'automne a Pékin*, in N. Arnaud (direzione di), *Boris Vian de A à Z*, in "Obliques: littérature, théâtre", op. cit., p. 10.

avviene in Angel, che una volta introdottosi nella grotta (guarda caso dove hanno luogo gli scavi sotterranei di Athanagore) uccide Anne, è proprio un processo di trasmutazione della sostanza, ovvero un'assunzione delle caratteristiche vitali dell'antitetico, la *coniunctio oppositorum*. È proprio questo che accade: la morte simbolica di Anne è la ricongiunzione di Angel con il suo doppio, la fusione di due corpi in una nuova materia, la cui sostanza risulta rinnovata (*renovatio*) e di grado superiore:

> La rinascita può essere un rinnovamento senza la modificazione dell'essenza, in quanto la personalità che è rinnovata non viene mutata nella sua essenza, ma vengono sottoposte a cura, rafforzamento o miglioramento solo funzioni e parti della personalità.[137]

Angel risolverà i suoi conflitti pulsionali, incarnatisi nella persona di Anne e ne uscirà modificato, dato che nell'esoterismo

> L'homme ne peut pas atteindre l'état de béatitude sans détruire d'abord ses passions charnelles. Quand il aura vaincu l'hydre noire de sono cœur, alors il sera purifié, et la noirceur deviendra blancheur[138]:

la resurrezione avviene dalle ceneri.
Una prova fondamentale, a conferma di questa interpretazione, si ha poi nel passaggio che descrive la discesa di Angel negli scavi dell'archeologo:
-Quanto credi che sia profondo? – domandò.
- Non ne ho idea – rispose Angel con voce strozzata. – Parecchio.
Anne si protese sull'apertura.
- Non si vede granché – disse. – Petitjean dev'esservi arrivato giù. È il momento di andare.
- Non ancora... - disse Angel con tono disperato.
- Massì – disse Anne.

---

[137] C. G. Jung, *Gli archetipi e l'inconscio collettivo*, op. cit., p. 113.
[138] Cfr. N. Arnaud, *L'automne a Pékin*, in N. Arnaud (direzione di), *Boris Vian de A à Z*, in "Obliques: littérature, théâtre", op. cit., p. 11.

Si era inginocchiato vicino all'orlo e scrutava l'ombra fitta.

- No - ripeté Angel. – Non ancora.

Parlava più sommessamente, con voce spaventata.

- È ora di andare – disse Anne. – Dai! Hai paura?

- Non ho paura... - bisbigliò Angel.

La sua mano toccò la schiena dell'amico; e, bruscamente, lo spinse nel vuoto. Aveva la fronte bagnata di sudore. Dopo qualche secondo si udì uno scricchiolio, subito seguito dalla voce di Petitjean che gridava in fondo al pozzo. Con le gambe che gli tremavano, Angel posò esitante le dita sulla prima sbarra. I piedi lo portavano giù automaticamente e lui si sentiva il corpo come fosse un mercurio freddo.[139]

In questo brano Vian inserisce il paragone tra il corpo dell'uomo e il mercurio, passaggio fondamentale per la lettura della vicenda in chiave alchemica. Il mercurio, infatti, è la sostanza prima necessaria a tutte le trasmutazioni, il motore di ogni creazione alchemica, dunque ciò che permette la fusione di Angel con il suo doppio Anne:

La coniunctio non sempre assume la forma di un'unione immediata e diretta, poiché necessita di un determinato mezzo oppure avviene in esso, secondo il motto "Non fieri transitum nisi per medium" (Solo attraverso un mezzo può avere luogo il passaggio). "Mercurius est medium coniungendi" (Mercurio è il mezzo della congiunzione). Egli è quell'anima che fa da mediatrice tra corpo e spirito.[140]

Ora si può però notare come la trasformazione necessiti della morte, se pur simbolica, di Anne. Pure questa "distruzione" trova esplicazione nella disciplina alchemica. Nella *coniuncto*, che mi pare sia il tipo di reazione subita dal protagonista, viene anche spiegato che il mercurio è non soltanto il *medium*, l'elemento *sine qua non* non possa esistere trasmutazione, ma è pure ciò che deve essere rinnovato, come afferma Jung:

---

[139] B. Vian, *L'autunno a Pechino*, op. cit., pp. 288-289.
[140] C. G. Jung, *Mysterium coniunctionis*, op. cit., p. 461

Tuttavia il Mercurio non è soltanto il *medium coniungendi*, bensì al tempo stesso anche ciò che deve essere unito, giacché esso costituisce l'essenza o la *materia seminalis*[141].

Appare a questo punto chiaro il perché sia Angel e non Anne a rinascere dalla congiunzione: Angel porta con sé l'essenza, appunto il mercurio in termini alchemici, che andrà a costituire la sostanza fondamentale della nuova persona creatasi. Infatti, essendo Anne il lato oscuro e represso di Angel, è necessario che egli muoia affinché i conflitti interni al protagonista possano dissiparsi e placarsi. Il nuovo Angel quindi abbraccerà i suoi contrasti, permetterà che divengano parte integrante della sua persona e, in questo modo, sarà più vicino alla vita vera, cui non si trova un significato. A proposito di ciò è utile citare nuovamente Jung, il quale analizzando il simbolo del mercurio, nota che:

> In termini psicologici Mercurio rappresenta l'*inconscio*, poiché quest'ultimo, secondo ogni apparenza, è quello "spirito" che si trova più vicino alla materia vivente e possiede tutte le proprietà paradossali che vengono attribuite a Mercurio. Nell'inconscio si trovano infatti quelle "scintille", ossia gli archetipi, dalle quali è possibile "estrarre" un significato superiore.[142];

non sappiamo se Angel arrivi o meno alla Saggezza, ma certamente siamo in gradi di affermare che la sua *quête* l'abbia condotto ad un più grado di consapevolezza.

Continuado a parlare di simboli alchemici, non ci si può esimere dall'analizzare il significato della grotta, qui rappresentata dal pozzo sotterraneo ove si tengono gli scavi. La grotta è, infatti, il primo segnale che testimonia una rinascita. Jung analizza nella mistica islamica la figura di al-Khindr, il Verdeggiante, e ne deduce che:

> Egli appare nella diciottesima sura del Corano, intitolata "La caverna", che contiene un mistero di rinascita. La caverna è il luogo della rinascita, quella cavità segreta in cui

---

[141] Ivi, p. 462.
[142] Ivi, p. 491.

si viene rinchiusi per meditare e rinnovarsi.[...] Il "mezzo" è il centro in cui si trova il gioiello, dove avviene l'incubazione o lo svolgimento del sacrificio o la trasformazione.[143]

Appare a questo punto assodato che la caverna sia il luogo in cui ha luogo l'iniziazione alla Vita di Angel. Jung, però, continua anche dicendo che

[...] al-Khindr rappresenta probabilmente il Sé. Le sue proprietà lo qualificano come tale: egli dev'essere nato in una caverna, dunque nell'oscurità[144];

possiamo quindi notare coma la discesa nelle profondità della caverna denoti, metaforicamente, la catabasi in se stessi, nel proprio inferno interiore. Questa interpretazione mi pare utile soprattutto nel considerare la vicenda di Wolf:

Da lì, senza sforzo, si accedeva alle caverne. Bastava tramortire il guardiano, che fu una cosa facile, perché gli restava solo un dente. Dietro al guardiano s'apriva una porta stretta con un arco a tutto sesto e una nuova scala, tutta lucente di minuscoli cristalli. Alcuni lumi, qua e là, guidavano i passi di Wolf e Lazzuli che facevano scricchiolare sotto le suole le concrezioni abbaglianti. In fondo alla scala, il sotterraneo s'allargava e l'aria si faceva calda e pulsante come dentro un'arteria.[145]

« Artère », « ramifications », « cœur »... voilà un labyrinthe qui ressemble étrangement à un corps humain, au réseau des veines et des artères organisé autour du cœur. La descente dans les cavernes serait, symboliquement, une descente en soi-même, une invitation à s'analyser et c'est ce que feront Wolf et Lazzuli.[146]

---

[143] C. G. Jung, *Gli archetipi e l'inconscio collettivo*, op. cit., pp. 131-132.

[144] Ivi, p. 136.

[145] B. Vian, *L'erba rossa*, op. cit., p. 80.

[146] P. Baratay, *La mythologie Vianesque*, in N. Arnaud (direzione di), *Boris Vian de A à Z*, in "Obliques: littérature, théâtre", op. cit., p. 188.

Quello che i protagonisti fanno non è altro che addentrarsi negli antri più reconditi del proprio Io, scendere fisicamente all'interno del Sé, abbattendo le barriere poste dal Super-io, incarnatosi nel guardiano. Infatti, viene detto che questi ha solo un dente e, nella simbologia, i denti rappresentano un ostacolo, qualcosa che deve essere abbattuto, secondo quanto dice anche Socrate: "Le parole devono superare la barriera dei denti". Dunque la ragione allenta le briglie e lascia che i cavalli dell'anima errino a loro piacimento. E quello che si scopre non può che essere qualcosa d'incorrotto, di selvaggio, ma per questo assolutamente naturale, tale è un negro che balla a ritmo tribale. Quando l'inconscio irrompe non si può ricacciarlo nella caverna, ma bisogna farsene carico, poiché:

> [...] colui al quale accade d'imbattersi in quella caverna, cioè nella caverna che ognuno porta con sé, ossia nell'oscurità che si trova dietro la sua coscienza, viene coinvolto in un processo di trasformazione che è a tutta prima inconscio. Addentrandosi nell'inconscio, egli determina una connessione tra la sua coscienza e i contenuti inconsci; da ciò può derivare un mutamento della personalità gravido di conseguenze in senso positivo o negativo.[147]

Per Angel il processo sarà creativo e positivo, fondante di una nuova persona, una sintesi degli opposti, un nuovo equilibrio superiore:

> - To' – disse Amdis. – Oggi sa quello che vuole?
> - Anne è morto...
> - E allora, questo da cosa la libera?
> - Da me stesso – disse Angel. – Mi risveglio[148],

anche se, nell'economia della storia, ciò ha significato uccidere Anne. Non sempre, infatti, l'incontro con se stessi è risolvibile pacificamente anzi, il più delle volte esso genera ben non pochi problemi nella mente dell'uomo, che inevitabilmente si ripercuotono sulla sua vita, inibendola. Innanzi tutto occorre rilevare come la

---

[147] C. G. Jung, *Gli archetipi e l'inconscio collettivo*, op. cit., p. 132.
[148] B. Vian, *L'autunno a Pechino*, op. cit., p. 299.

dialettica repressione/represso sia cifra fondamentale della tematica del doppio e dell'inconscio. La tensione, tutta interna al personaggio, dà dunque vita ad una coscienza scissa, ad un conflitto tra due pulsioni psichiche opposte che conducono ad una scomposizione dell'identità intollerabile: una metà deve essere eliminata tramite omicidio, pena il suicidio.

> L'incontro con sé stessi è infatti una delle esperienze più sgradevoli, alle quali si sfugge proiettando tutto ciò che è negativo sul mondo che ci circonda. Chi è in condizione di vedere la propria ombra e di sopportarne la conoscenza ha già assolto una piccola parte del compito: ha perlomeno fatto affiorare l'inconscio personale. Ma l'ombra è parte viva della personalità e con questa vuol vivere sotto qualche forma. Non si può confutarne l'esistenza con argomenti, né con argomenti la si può rendere innocua.[149]

Emerge una delle forme più riconoscibili del paradigma del doppio: quella dell'ombra. Questo tema è trattato in maniera esemplare ne *L'erba rossa* allorché Lazzuli, a sua volta doppio del protagonista Wolf, secondo lo schema distintivo di Vian, vede comparire un uomo vestito di nero che lo perseguita: la sua Ombra:

> Affascinato, Lazzuli vedeva accanto a sé un uomo dal colorito pallido, vestito di scuro che lo fissava. La bocca era come una barra nera sul volto, e gli occhi venivano da lontano[150].

La presenza costante dell'Altro si fa man mano più opprimente e costante fino a minacciare ed a minare l'equilibrio psichico del personaggio. L'Ombra, ovviamente, rappresenta l'inconscio e lo si desume dal fatto che essa compare ogniqualvolta Lazzuli si trova in situazioni di intimità con la sua ragazza Follaprile. Evidentemente l'Ombra incarna lo spettro del puritanesimo che Lazzuli ha tentato di rimuovere ma che, sotterraneamente, lo tiene in pugno.

---

[149] C. G. Jung, *Gli archetipi e l'inconscio collettivo*, op. cit., p. 19.
[150] B. Vian, *L'erba rossa*, op. cit., p. 64.

Com'è noto, l'Ombra si trova, per definizione, perlopiù in opposizione alla personalità cosciente[151],

afferma Jung, ed è proprio nel momento in cui gli argini della ragione si abbassano che Lazzuli viene sovrastato dalla forza distruttiva delle sue inibizioni sessuali. A questo punto la presenza del doppio si rivela in tutta la sua dimensione perturbante, così come Freud l'ha identificata:

> [...] un attacco sistematico al principio di identità, in cui diventa particolarmente chiaro quel ritorno di credenze magiche e infantili superate dal maturare della razionalità[152].

A Lazzuli, ossessionato dalla presenza di questo estraneo, non rimarrà altro che uccidersi, in una scena surreale che ricorda un quadro di Magritte, dal momento che:

> [...] una conoscenza abbastanza ampia dell'Ombra può essere sufficiente a causare una buona dose di confusione e di obnubilamento, dal momento che essa fa nascere problemi della personalità di cui prima non si era mai avuto il minimo sentore[153].

Ormai incapace di combattere contro queste entità che si duplicano e si ripresentano nel momento stesso in cui Lazzuli le uccide, l'unica soluzione sarà eliminare la causa del disagio, ovvero se stesso:

> Follaprile, seduta sul letto con gli occhi spalancati dall'orrore, si teneva la bocca per rimanere calma. Quando vide Lazzuli volgere l'arma contro di sé e affondarla nel cuore si mise ad urlare.[154]

L'identificazione completa dell'uomo nero con Lazzuli, fin dal principio sospettata, sarà esplicitata a partire da questo momento, allorché la ragazza, per la prima volta in grado di vedere le figure che

---

[151] C. G. Jung, *Gli archetipi e l'inconscio collettivo*, op. cit., p. 497.
[152] M. Fusillo, *L'altro e lo stesso. Teoria e storia del doppio*, La Nuova Italia, Scandicci (FI), 1998, p. 21.
[153] C. G. Jung, *Gli archetipi e l'inconscio collettivo*, op. cit., p. 520.
[154] B. Vian, *L'erba rossa*, op. cit., p. 121.

tormentavano l'amato, passa in rassegna i cadaveri rivolto sul pavimento della stanza, per accorgersi che:

> Uno degli uomini scuri, a pancia in giù, si trovava press'a poco nella stessa posizione di Lazzuli e i loro due profili parevano curiosamente simili. La stessa fronte, lo stesso naso. Il cappello dell'uomo era rotolato per terra, scoprendo una capigliatura identica. Follaprile si sentiva mancare. Piangeva senza rumore tutte le sue lacrime, non osava muoversi. Tutti gli uomini erano uguali a Lazzuli. E poi il corpo del primo morto parve meno nitido. I suoi contorni s'addolcirono in una cupa foschia. La metamorfosi s'accellerò. Davanti a lei, il corpo cominciò a dissolversi. Gli abiti neri si sfilacciarono in scie d'ombra. Prima che scomparisse, ebbe il tempo di vedere che il corpo dell'uomo era proprio quello di Lazzuli ma stava svanendo, e il fumo grigio filava rasoterra, filava dalle fessure della finestra. La trasformazione del secondo cadavere era già cominciata[155].

Il doppio, il rimosso intollerabile, uccide poiché solo nella morte trovano esorcismo i turbamenti che abitano la psiche umana. Il fardello è troppo pesante per essere sopportato e ingenuamente si crede che liberandosene, mediante un atto di forza, la vita possa continuare, senza rendersi conto che ogni cosa necessita del proprio contrario per potersi sintetizzare, per progredire, come vuole il movimento dialettico. Allo stesso modo, Vian intende dimostrare che l'automutilazione non è mai risolutiva e rinnovante, ma piuttosto fatale, poiché in essa si rivela apertamente l'incapacità dell'uomo di vivere con un Io frammentato.

Oltre che nell'Ombra, il doppio trova la sua esteriorizzazione anche nell'immagine riflessa allo specchio. Anche questa formulazione la troviamo ne *L'erba rossa*, questa volta però nella vicenda di Wolf:

> Lì, in un angolo, c'era, su quattro piedi, un grande specchio d'argento levigato. Wolf si avvicinò e si sdraiò lungo disteso, con il volto contro il metallo per parlarsi da uomo a

---

155 Ivi, p. 122.

uomo. Un Wolf d'argento era in attesa di fronte a lui. Spinse le mani sulla superficie fredda per essere sicuro della sua presenza[156].

Mi pare utile, ai fini della comprensione del passaggio, richiamare la "fase dello specchio" lacaniana. Secondo Lacan, nello specchio, il bambino vede l'immagine unificata di un Sé percepito come frammentato, di qui la seduzione. Ciò che lo specchio rimanda, inoltre, permette il meccanismo dell'identificazione e del riconoscimento di sé, altrimenti non messo in moto. Ecco quindi che l'immagine acquista una funzione "costituente", nel senso che non dipendendo dalla facoltà soggettiva dell'immaginazione, ha potere di "causare" il soggetto. L'Io si costituisce, specularmente, come un derivato dell'immagine riflettuta[157]. A questo punto l'immagine diviene immediatamente il sostituto narcisistico in grado di offrire un tampone, se pure immaginario e temporaneo, alla disgregazione dell'uomo: al di qua dello specchio, infatti, la natura umana è frammentata, Wolf è frammentato, è parte di un Uno cui aspira ma che sente irraggiungibile. Ecco perché egli necessita dello specchio "per essere sicuro di esistere", perché è mediante l'uomo d'argento che egli può trovare sollievo nel convincersi di essere, a sua volta, un uomo e non un semplice abbozzo. Il dialogo tra Wolf e se stesso si evolve in questa maniera:

> «Che hai?» disse.
> Il suo riflesso fece un cenno d'incomprensione.
> «Di cosa hai voglia?» disse ancora Wolf. «L'aria non è mica cattiva da queste parti».
> La sua mano si avvicinò al muro e manovrò l'interruttore.
> La stanza, di colpo, piombò nell'oscurità. Solo l'immagine di Wolf rimase illuminata. Prendeva luce da un'altra parte.
> «Cosa fai per venirne fuori?» continuò Wolf. «E per venire fuori da che cosa, d'altronde?»
> Il riflesso sospirò. Un sospiro di stanchezza. Wolf si mise sghignazzare.

---

[156] Ivi, p. 16.
[157] Cfr. J. Lacan, *Scritti*, Einaudi, Torino, 2002.

«Ecco, compiangiti. Niente va per il verso giusto, insomma. Vedrai, vecchio mio. Ci entrerò nella macchina».

La sua immagine parve abbastanza scocciata.

«Qui,» disse Wolf, «che cosa vedo? Nebbie, occhi, gente... polevere senza densità...e poi 'sto maledetto cielo come un diaframma».

«Sta' calmo» disse distintamente il riflesso. «Ci rompi le scatole, per così dire».

«È deludente, eh?» lo canzonò Wolf. «Temi che sia deluso quando avrò dimenticato tutto? Meglio essere delusi che sperare a vuoto. In ogni caso, devo saperlo. Una volta tanto che si presenta un'occasione... Ma rispondi o no, accidenti!...»

Quello che gli stava di fronte se ne stava zitto, con aria di disapprovazione.[158]

In questo contesto Wolf appare in preda a quell'angoscia di annientamento che secondo Freud costituisce il presupposto primario alla comparsa del doppio. La domanda "«Di che cosa hai voglia?»", rivolta a se stesso, non troverà qui risposta ma finirà poi per risolversi nel nichilismo più assoluto: "«Ti direi semplicemente che non ho più voglia di niente»"[159]. Egli non spera altro che sfuggire a se stesso, al suo inconfessato desiderio di convivere con il proprio passato, desiderio incarnatosi nello scetticismo del riflesso. E la macchina allora diventa "una soluzione disperata"[160] per perdere la memoria e il senso del tempo. Ecco una chiara e lampante rappresentazione della pulsione di morte, che troverà espressione nelle ultime battute di Wolf:

«Ci si sbarazza di quanto dà fastidio, punto primo, » disse, « - e se ne fa un cadavere. Dunque qualcosa di perfetto, poiché nulla è più perfetto, più finito di un cadavere. Ecco un'operazione fruttuosa. Due piccioni con una fava».

---

[158] B. Vian, *L'erba rossa*, op. cit., p. 16-17.
[159] Ivi, p. 29.
[160] *Ibid.*

[...] «Un morto,» proseguiva Wolf, «è bello. È completo. Non ha memoria. È concluso. Non si è completi quando non si è morti».

[...] «E quando si fa fatica ad attendere,» disse Wolf, «e quando si è di peso a se stessi, si ha la ragione e la scusa – e se ci si sbarazza allora di quanto è di peso... di se stessi... si sfiora la perfezione. Il cerchio si chiude».[161]

Quello che Wolf non tollera sono i ricordi e allora li cancella, ciò che non sopporta sono i desideri e allora tenta di esorcizzarli, senza capire che tutto ciò non è possibile e che l'autodistruzione cui giunge non è altro che un'espressione del desiderio essa stessa, il rivolgimento della pulsione di morte verso se stesso, insomma un atto di masochismo; Wolf non muore per aver esaurito i desideri, ma per non averli accettati. Wolf e il suo riflesso non sono quindi che parti della stessa persona, la polarizzazione delle due pulsioni contrastanti dell'essere umano. Wolf parla con se stesso, se la prende con sé perché, in fondo, la sua coscienza gli suggerisce che il tentativo di rimozione del passato sarà votato al fallimento. In cuor suo consapevole di questa possibilità egli preferisce rinnegarla, imputarla ad un altro Sé, perché in questa maniera pare più facile contestarla; ma non è così semplice, l'immagine sta, ferma, davanti a lui, portando a galla il suo inconscio, e Wolf non può ascoltare.

«Va bene» disse Wolf brutalmente. «Ho parlato io. Tu non conti. Non servi più a niente. Scelgo. La lucidità. Ah! Ah! Parlo a lettere maiuscole».[162]

Finché c'è vita non esiste univocità, ma coesistenza, e chi non è in grado di sopportare le proprie contraddizioni si perde, perde una parte costitutiva di sé, quella in cui appunto si specchia e mediante la quale si definisce; in poche parole diventa un oggetto, un vuoto, un cadavere:

L'assassinat si fréquent du double par lequel le héros cherche à se garantir contre les persécutions de son propre

---

[161] Ivi, pp. 144-145.
[162] Ivi, p. 17.

moi, n'est autre chose qu'un suicide sous la forme indolore d'un autre moi. Cet acte donne à son auteur l'illusion inconsciente qu'il est séparé d'un moi mauvais et blâmable, illusion du reste qui paraît être la condition de chaque suicide[163].

Ecco quanto accade, più o meno figurativamente, in tutti e quattro i romanzi presi in considerazione e persino in gran parte dell'opera di Vian. L'estetica degli opposti sviluppata dall'autore si sviluppa secondo lo schema eroe-antieroe che conduce necessariamente al suicidio o all'omicidio che è pur sempre un suicidio, poiché l'avversario altri non è che il proprio doppio. La somiglianza perturbante, infatti, si basa su un legame di parità e di reciprocità dei personaggi in questione, quella che S. Agostino chiama *in aequalibus*: Ora risulta più chiaro comprendere come mai gli eroi e i loro doppi sembrano avere una vita parallela, coincidente. La dicotomia, in generale, mi pare assuma la forma della contrapposizione tra cinismo e sentimentalismo; infatti:

> [...] le personnage complémentaire se caractérise par son savoir-faire dans la vie comme dans la séduction ; il y recourt généralement sans scrupules et souvent pour aider pratiquement le héros en diverses domaines [...][164].

I doppi adempiono quindi la loro funzione di catalizzatori degli istinti e delle pulsioni latenti dei protagonisti, la cui presa di consapevolezza non si tradurrà mai in accettazione naturale o pacifica, piuttosto in reazione violenta contro l'altro se stesso.

Passiamo ora in rassegna le coppie complementari dei personaggi nello specifico. Ne *La schiuma di giorni* abbiamo Colin, ragazzo raffinato e aristocratico, che ha come doppio l'amico d'infanzia Chick, con il quale condivide non solo lo stesso passato, ma persino un amore iniziale per Alise. Colin e Chick rappresentano i due lati dell'amore feticista, uno rivolto verso se stesso e verso il suo

---

[163] O. Rank, *Dom Juan et le double*, cit. in M. Godail; F. Szatanik, *Le probleme du duble*, in AA. VV., *Boris Vian: Colloque de Cerisy*, direzione di N. Arnaud e H. Baudin, vol. I, op. cit., p. 299.
[164] H. Baudin, *Le double masculin et ses métamorphoses*, in N. Arnaud (direzione di), *Boris Vian de A à Z*, in "Obliques: littérature, théâtre", op. cit., p. 199.

desiderio narcisistico (Colin), l'altro collezionista sfrenato di tutte le opere del celeberrimo filosofo Jean-Sol Partre (Chick): entrambi troveranno la morte, annientati dalla carica corrosiva del bisogno di possedere l'oggetto. Chick, però, è il primo a soccombere, assorbito dalla produzione febbrile del suo idolo, e allora il suo ruolo sarà rivestito da Nicolas. In francese, Colin, suona pure come l'abbreviazione del nome Nicolas, secondo un *escamotage* utilizzato da Vian per esplicitare il parallelo tra i due. Il tema che mi pare congiunga Nicolas e Colin è quello della sensualità. Infatti, Nicolas, riveste la pulsione sessuale incarnatasi che Colin non riesce a liberare. Non a caso Chloé è un intermezzo musicale, come è già stato osservato, una sublimazione del desiderio, mentre le ragazze di Nicolas sono corpi, oggetti veri e propri del desiderio. Colin tenterà di rinnegare questo lato della pulsione istintuale, accusando a più riprese Nicolas del suo comportamento inappropriato, senza capire che gli impulsi, se imprigionati in gabbie, implodono, producendo la distruzione di ciò che li argina: questo è esattamente ciò che avverrà all'amata Chloé. Dopo la morte della donna, Colin si eclissa e il suo destino può essere indovinato grazie alla messa in scena del topolino grigio dai baffi neri. Già nelle battute iniziali del romanzo leggiamo:

Colin stava finendo di farsi bello[165],

e poco più avanti:

Colin, passando, accarezzò uno dei topi: era grigio e snello e prodigiosamente lustro[166];

ecco l'identificazione, che continua per tutto il libro, sino al finale.

«E non mangia mai?» disse il gatto. «Non ci trovo niente di interessante».
«No» disse il topo «e diventa molto debole, e io non lo posso proprio sopportare. Un giorno di questi finirà per inciampare su quella grande passerella».
«Ma a te che cosa te ne importa?» chiese il gatto. «È infelice, e allora?»

---

[165] B. Vian, *La schiuma dei giorni*, op. cit., p. 17.
[166] Ivi, p. 19.

«Non è infelice» disse il topo «soffre. È questo che io non posso sopportare»[167];

il topolino metterà la testa tra le fauci del gatto, aspettando che qualcuno gli pesti la coda, di modo che un riflesso istantaneo ponga fine alla sua agonia. Ecco cosa accade a Colin: la sofferenza sarà troppo forte e lo attirerà in quella pozza d'acqua dove egli crede di scorgere la ninfea, il suo desiderio assassino.

Passando a *Lo strappacuore* notiamo la coppia Angelo-Giacomorto. Come è già stato detto Giacomorto è vuoto, è un nulla, uno psichiatra che per darsi l'essenza cerca di assorbirla dai suoi pazienti. Angelo è il padre di famiglia, rigettato dal suo ruolo a causa dell'amore soffocante della moglie Clementina verso i suoi tre gemelli, che abbandona la casa per ritornare al mare, alla madre. Angelo è la parte vitalistica di Giacomorto, la sua volontà che trova libera espressione, Angelo è la libertà contro il condizionamento sociale che annichilisce gli uomini:

«Allora lei vede bene che non dipende da me, questo desiderio di riempirmi» disse Giacomorto.
«I giochi erano già fatti. E dunque io non ero libero».
«Ma sì invece» rispose Angelo. «Dal momento che ha un desiderio, lei è libero».
«E se non ne avessi affatto? Neanche quello là?»
«Allora sarebbe un morto».[168]

Angelo è l'irrazionalità, Giacomorto il cinismo, un uomo che ha decostruito se stesso e che tenta invano di riformarsi su basi nuove ma illusorie, poiché esterne. Per questo motivo lo psichiatra cerca disperatamente qualcuno da psicanalizzare, per assorbire le sue passioni, visto che le sue se ne sono andate a bordo di una zattera, cancellate da una macchina per viaggiare il tempo. Persino i bassi istinti un gatto nero possono rivelarsi auspicabili in confronto al nulla:

---

[167] Ivi, pp. 255-256.
[168] B. Vian, *Lo strappacuore*, op. cit., pp. 27-28.

Era passata una settimana da quando aveva assorbito la totalità mentale del gatto nero, e passava di sorpresa in sorpresa, imparando a stento a cavarsela in quel mondo complesso e violentemente affettivo.[169]

Dopodiché il prossimo passo sarà assorbire il bagaglio emotivo de La Gloïre, ed identificarsi con esso, nella completa solitudine del ruscello rosso, poiché abbandonare parti del proprio Io non conduce all'Uno, ma piuttosto allo zero.

Come abbiamo già analizzato il doppio è poi pure il tema centrale de *L'autunno a Pechino*, dove non solo i due protagonisti maschili hanno la stessa vita e lo stesso destino, ma amano pure la stessa donna: Rochelle. L'antinomia tra l'amore platonico di Angel e l'amore terreno di Anne è evidente, ma Vian non decreta né vincitori né vinti, dal momento che la dualità umana non si elimina con un omicidio; il nuovo Angel ne è la prova.

Infine non mi pare superfluo citare un passo de *L'erba rossa*, costruito interamente su un gioco di specchi, in una sorta di *mise en abyme*, dove si sancisce a chiare lettere quale sia il chiasmo che regola i rapporti tra i quattro personaggi:

> La vita era vuota e non triste, in attesa. Per Wolf. Per Zaffir, traboccante e indefinibile. Per Lil corollaria. Follaprile non pensava. Viveva semplicemente ed era dolce [...][170]

Torniamo quindi alla solita dicotomia secondo cui un personaggio viene scisso in due metà, l'una razionale e l'altra istintuale, per vedere chi avrà la meglio. La soluzione non esiste poiché l'una, per esistere, ha bisogno del contrario che la giustifichi: Lazzuli e Wolf moriranno, Lil e Follaprile inizieranno una nuova vita, insieme, lontano da dove cresce la sinistra erba rossa.

---

[169] Ivi, p. 99.
[170] B. Vian, *L'erba rossa*, op. cit., p. 13.

III

L'impero della parola

Teorie del linguaggio in Boris Vian

Uno degli aspetti intrascurabili che emerge dalla lettura di un autore come Boris Vian è, senza dubbio alcuno, quello del linguaggio. Vian è considerato un paroliere, un mago della parola, un demiurgo lessicale, complice la sua capacità di dar vita ad associazioni impossibili. Alcuni dei procedimenti di cui si avvale per realizzare il suo universo linguistico possono essere individuati nel metaplasmo di un lemma o di una locuzione, nella sostituzione di un morfema all'interno di un costrutto, entrambi volti a dissacrare l'*auctoritas* letteraria e linguistica della parola, nel *calembour*, mediante il quale si vuole smascherare lo stereotipo codificato dalla locuzione, nella creazione *ex novo* di *mots-valises*, memore dell'insegnamento di Lewis Carrol e nella continua e instancabile ricerca di deviazioni semantiche costruite sulla polivalenza e sull'omofonia delle parole. Ci si rende immediatamente conto, quindi, di come la *varietas* stilistica linguistica sia la cifra distintiva della scrittura vianiana. Marie-Claude Charras e Michela Landi, impegnate a determinare le problematiche che una scrittura come quella di Vian comporta, hanno poi individuato gran parte di questi fenomeni come "figure ricorrenti" del Novecento letterario.[171]

Parlando di problemi linguistici nel Novecento non si può però evitare di confrontarsi con Ludwig Wittgenstein, il cui contributo fu di capitale importanza per la nascita della moderna filosofia del linguaggio. Il Novecento poi permise anche lo sviluppo di quella corrente identificata con il nome di semantica generale che ha, come padre fondatore, Alfred Korzybski. Due insegnamenti e due approcci diversi quello di Wittgenstein e quello di Korzybski, eppure non così

---

[171] Cfr. M.C. Charras; M. Landi, *L'écume des jours de Boris Vian: problemi della traduzione in italiano*, Genesi gruppo editoriale, Città di Castello (Perugia), 2009, pp. 13-16.

tanto lontani, affondando entrambi le proprie radici nella presa di coscienza dell'insufficienza del linguaggio corrente. Questa insoddisfazione linguistica di fondo pare trasparire dall'opera di Vian sotto le spoglie nemmeno troppo camuffate del *lusus* linguistico, ed è proprio questo aspetto che mi propongo di indagare, tenendo conto di come la scrittura di Vian sia in realtà una continua riflessione sulla lingua.

Innanzi tutto occorre fornire delle coordinate. La semantica generale si sviluppò in America, a partire dagli anni '30 del Novecento, in seguito alla pubblicazione dell'opera di Korzybski *Science and Sanity* nel 1933 e si contraddistinse immediatamente per il suo orientamento antiaccademico. L'utilizzo del termine "generale" sta a testimoniare come questa teoria, lungi dall'essere una speculazione teorica, si ponesse pragmaticamente nei confronti del linguaggio. Secondo la definizione che ne dà Korzybski stesso la semantica generale

> [...] non è tanto una «filosofia» o una «psicologia» o una «logica» nel senso abituale di queste parole. È una nuova disciplina estensionale che ci spiega e ci insegna come usare il nostro sistema nervoso in maniera più efficiente.[172]

Emerge immediatamente come il concetto di "uso" sia preponderante nell'elaborazione della teoria. Ciò che Korzybski nota è come le relazioni semantiche della quasi totalità degli individui siano corrotte, dunque "malate" (di qui il titolo dell'opera *Science and Sanity*):

> Gli uomini si comportano in maniera infantile. Le istituzioni sociali, i metodi educativi, ma soprattutto il linguaggio li spingono ad assumere un atteggiamento essenzialmente immaturo. Di fatto, il loro ambiente semantico è malato e, quindi, si avranno prevalentemente comportamenti patologici, a tutti i livelli. «La persona mentalmente non-sana – scrive Korzybski – ha delle

---

[172] AA. VV., *La semantica generale*, a cura di M. Baldini, Città nuova, Roma, 1976, p. 11.

premesse strutturali, consce e inconsce, che sono "false" o, in genere, semanticamente non appropriate [...]».[173]

Di qui derivano la confusione linguistica e le incomprensioni sintattiche che generano problematiche di non poco conto. Nel mondo, infatti, la parola governa la quasi totalità dei rapporti. Il fraintendimento nasce dunque nel momento in cui si assumono le strutture metafisiche che permeano il nostro linguaggio acriticamente, senza rendersi conto che esse non sono in grado di riferire il mondo così come noi lo vediamo. La soluzione proposta dai semantici generali è quindi quella di abbandonare l'ormai vecchio e superato sistema aristotelico in nome di una "metafisica scientifica". I principi della semantica generale trovarono terreno fecondo in una mente come quella di Boris Vian, attento studioso del potere della parola. L'incontro di Vian con Korzybski avvenne attraverso la mediazione di Van Vogt ed è databile intorno al 1953, periodo in cui in Francia uscì la traduzione di *Non-A* proprio per mano di Boris Vian. Anche in una lettera a Jean Linard del 1957, pubblicata da Arnaud, Vian dichiara apertamente la sua approvazione alle teorie elaborate da Korzybski, allorché scrive:

> [...] Pourquoi que tu lis pas Science and Sanity de Korzybski? [...]. Désaristotelise toi. Lis Korzybski merde![174];

e ancora:

> Jamais je n'ai pu me contenter de la logique à deux valeurs. C'est absolument insuffisant.[175]

Occorrerà ora indagare in che maniera le tesi linguistiche di Korzybski trovino spazio ed elaborazione nella produzione di Vian. Il testo ove la semantica generale avrebbe avuto la più completa formulazione mi pare essere il dramma *I costruttori di imperi*. Infatti, la vicenda, più che una storia, è una vera e propria riflessione

---

[173] Ivi, p. 25.
[174] N. Arnaud, *Les vies parallèles de Boris Vian*, Union générale d'éditions, Paris, 1970, p. 247.
[175] B. Vian, *Boris Vian en verve, mots, propos, aphorismes*, a cura di N. Arnaud, Pierre Horay, Paris, 1970, p. 62.

sul linguaggio e sui suoi mistificatori. Rybalka nel suo studio su Vian osserva che:

> On peut d'ailleurs diviser en deux catégories les personnages que l'on rencontre dans ses œuvres : il y a, d'une part, ceux qui utilisent les mots avec une certaine pudeur et ne leur donnent pas de valeur absolue – et ceux-là sont sympathiques – d'autre part, ceux qui se laissent entraîner par le langage et se insistent à prendre les mots aux sérieux – et ceux-ci sont toujours ridicules et détestables.[176]

Quelli che rientrano nella seconda categoria sono coloro che si avvalgono del linguaggio per esercitare sugli altri un potere coercitivo, per affermare la propria autorità, senza accorgersi di essere loro stessi nient'altro che schiavi della parola. Ora, nell'opera abbiamo cinque personaggi: il padre Leone Dupont, la madre Anna, la figlia Zenobia, Cruche, la domestica, e un enigmatico quanto controverso personaggio muto, Lo Schmürz. Il servilismo semantico affligge il padre e la madre, mentre Zonobia e Cruche sono le vere Semantiche[177], padrone di un uso consapevole del linguaggio. A questo proposito mi sembra utile rievocare quanto diceva Lefebvre, secondo il quale,

> [...] la Parole est asservie au Discours.[178]

Ne consegue, nella sua riflessione, che nella società viga

> [...] un «terrorisme du discours» (comme Stuart Chase, un Sémanticien, parle de la «tyrannie des mots»), qui devenu norme sociale, exerce une pression, codifie les rôles, les attitudes, les opinions, donc la pensée en général. Et «face

---

[176] M. Rybalka, *Boris Vian: essai d'interprétation et de documentation*, Lettres modernes, Paris, 1969, p. 164.

[177] Si tenga conto che di qui in poi si adotterà la distinzione grafica tra "Semantico/a" e "semantico/a", dove con "Semantico", in funzione attributiva, ci si riferirà a coloro che hanno fatto proprie le teorie della semantica generale, mentre "semantico" rimarrà nella sua accezione comune.

[178] P. Gauthier, *Schmurz, discours et parole*, in AA. VV., *Boris Vian: Colloque de Cerisy*, direzione di N. Arnaud e H. Baudin, 23 juillet-2 aout 1976, vol. II, Union générale d'éditions, Paris, 1977, p.110

au discours, devenu institutionnel et qui interdit la parole, la parole est contrainte à la clandestinité».[179]

Parola e Discorso, l'una costitutiva del linguaggio di Zenobia e Cruche, l'altro mezzo d'espressione di Leone ed Anna. Che il discorso sia diventato norma codificata lo vediamo espressamente nel parlare per *cliché* e per luoghi comuni, atteggiamento assai pericoloso proprio in nome della sua ingenuità. Korzybski aveva già denunciato, infatti, come l'uso furbesco della linguistica stesse influenzando l'opinione pubblica e fosse sul punto di favorire l'ascesa del nazismo, allora in via di sviluppo[180], ipotizzzando come, a ridosso di quegli anni,

> [...] Hitler aurait dit à Max Planck, le physicien allemand: « tous les juifs sont communistes », et l'on sait quelle conclusion il tira d'une telle prémisse. Le mot « tout » est tendancieux puisqu'il nous permet de généraliser sans vérification individuelle, et qu'au lieu d'observer le territoire, nous regardons notre carte intérieure qui est falsifiée par nos émotions et nos préjugés.[181]

Come infatti aveva pure notato Barthes, nella lingua

> «Servilité et pouvoir se confondent inéluctablement»[182] ;

ed è nello *slogan* che questo connubio trova la più stretta e concreta realizzazione. A prova di ciò, non mi pare sia un caso che Vian metta in bocca a Leone un'infinità di stereotipi e letterari e linguistici volti ad esercitare il suo potere, come possiamo notare nelle sue battute:

> La prudenza prima di tutto[183];

---

[179] *Ibid.*
[180] Cfr. A. Schaff, *Semantica generale*, in AA. VV., *La semantica generale*, a cura di M. Baldini, op. cit., p. 159.
[181] F. Peterson, *Boris Vian et la sémantique générale*, in AA. VV., *Boris Vian: Colloque de Cerisy*, direzione di N. Arnaud e H. Baudin, op. cit., vol. I, p. 454.
[182] M.T. Russo, *L'arrache-cœur: una po-etica della devianza*, in "Quaderno dell'istituto di lingue", n° 12, Facoltà di "Lettere e Filosofia" di Palermo, 1980, p. 41.
[183] B. Vian, *I costruttori di imperi*, in Id., *Teatro*, Einaudi, Torino, 1978, p. 214.

> Calmati, mia cara... Prima o poi i figli finiscono per abbandonare i genitori. È la vita[184]

e

> Dopo vent'anni di matrimonio... abbandonare un uomo in questo modo... le donne sono veramente incredibili.[185]

In questa maniera vediamo che il padre va incontro ad una vera e propria confusione semantica, investendo il particolare di una generalizzazione che risulta per forza di cose falsante; esattamente l'errore dal quale Korzybski intende salvaguardare. Ancor più chiarificatrice in questo senso mi pare essere la scena contenuta nell'atto primo:

> PADRE (*evasivo*) Non si sa esattamente che cosa sia. Se si sapesse, te lo diremmo.
> ZENOBIA Ma tu sai sempre tutto, in genere.
> PADRE In genere, certo. Ma questa, per l'appunto, è una circostanza eccezionale.[186]

Già i primi influssi di Korzybski si possono intravedere pure ne *L'erba rossa*, la cui redazione (1948-1950) coincide più o meno con la lettura di Vogt da parte di Vian. A questo proposito mi pare esemplare il discorso di Follaprile, la quale fornisce una vera e propria lezione di semantica generale:

> «[...]. Non si deve mai pensare 'gli uomini'. Si deve pensare 'Lazzuli' o 'Wolf'. Loro pensano sempre 'le donne', ecco quel che li disorienta».[187]

Alla stessa maniera Cruche redarguisce Leone su un suo evidentissimo errore semantico, dissimulato all'interno di un discorso con il quale egli tende ad esercitare la sua autorità:

---

[184] Ivi, p. 242.
[185] Ivi, p. 244.
[186] Ivi, p. 214.
[187] B. Vian, *L'erba rossa*, Milano, Marcos y Marcos, 1999, p. 113.

PADRE (*arrabbiato*) Cruche, ci si domanda: voi cosa c'entrate?

CRUCHE Chi si pone questa ridicola domanda?

PADRE Io

CRUCHE Allora non dite «ci si chiede». Dite «io mi chiedo voi cosa c'entrate», oppure «Cruche, sono forse cavoli vostri?», oppure «in che cosa vi riguarda questo problema?», oppure «quale interesse può mai rappresentare per voi?» Ma siate esplicito e non procedete per allusioni. Ho forse alluso io?.[188]

Infatti è nella generalizzazione che la demagogia verbale affonda le sue radici ed è nell'assolutizzazione che esprime la propria natura coercitiva e, di conseguenza, è contro la demagogia che si scaglia Korzybski e Vian con lui:

«Pour moi, la préoccupation la plus haute de mon temps c'est de dénoncer les menteurs et les escrocs, les escrocs du mot, les escrocs du verbe, les gens qui font de la démagogie verbale».[189]

Della demagogia è vittima Leone, il quale in un solenne discorso da senatore romano, cade ingenuamente vittima dello stereotipo dell'accusa ai demagoghi non rendendosi conto di non fare, a sua volta, della pura e semplice demagogia:

PADRE D'altra parte, se non dipendesse che da me, già da lungo tempo i falsi valori sarebbero scomparsi a tutto vantaggio di quei valori molto più solidi quale la morale, le idee in cammino. Lo sviluppo delle scienze fisiche, l'illuminazione delle strade e l'invio al macero dei marci residui di una demagogia che sempre più sta degenerando, sull'esempio... dunque... sull'esempio di quei grandi costruttori di un tempo passato, che fondavano i loro edifici sul senso del dovere e l'alta consapevolezza della res pubblica...

---

[188] B. Vian, *I costruttori di imperi*, in Id., *Teatro*, op. cit., p. 237.
[189] B. Vian, *Boris Vian en verve, mots, propos, aphorismes*, a cura di N. Arnaud, op. cit., p. 56

VICINO Non le sembra di avere perso un po' il filo?
MADRE (*al vicino*) Sì... non riesco a capire se sta andando
esattamente dove dovrebbe.
PADRE (*tono naturale*) È fastidioso, ma ho la stessa
impressione. Credo che le parole mi stiano trascinando.[190]

Il problema dello stereotipo è poi messo pure in evidenza
nell'affermazione del padre:

> Un avvertimento. Ma non bisogna confondere l'immagine,
> il segnale, il simbolo, l'indizio, l'avvertimento con la cosa in
> se stessa. Sarebbe un grave errore.[191]

Parole che, se in un primo momento appariranno come una
dichiarazione korzybskiana, nel progredire del discorso
assumeranno un connotato denunciatario. Infatti, l'ammonimento,
non è altro che un calco del maggiore assunto della semantica
generale:

> La mappa non è il territorio[192],

ove si intenda per mappa la parola e per territorio l'oggetto
designato. Con questo Korzybski intende sottolineare come la parola
poetica non sia in grado di restituire il referente nella sua totalità e
di come non possa designarne l'essenza. Mi sembra che
l'insegnamento dal quale derivi questa conclusione sia quello fornito
da Wittgenstein nel *Tractatus logico-philosophicus*, allorché si
sentenzia:

> Gli oggetti li posso solo *nominare*. I segni ne sono rappre-
> sentanti. Posso solo *dirne*, non *dirli*. Una proposizione può
> dire solo *come* una cosa è, non *che cosa* essa è.[193]

Quello che Wittgenstein, e Leone con lui, intende mostrare, è come il
simbolo o l'immagine, per usare un termine wittgensteiniano, non

---

[190] B. Vian, *I costruttori di imperi*, in Id., *Teatro*, op. cit., p. 221.
[191] Ivi, p. 214.
[192] A. Korzybski, *La struttura*, in AA. VV., *La semantica generale*, a cura di M. Baldini, op. cit., p. 197.
[193] L. Wittgenstein, *Tractatus logico-philosophicus e Quaderni 1914-1916*, Einaudi, Torino, 2009, n°
3.221, p. 35.

sia altro che rappresentazione di una realtà con la quale quest'ultima condivide solo la propria "forma di raffigurazione"[194]. Ne consegue che

> La proposizione può rappresentare la realtà tutta, ma non può rappresentare ciò che, con la realtà, essa deve aver comune per poterla rappresentare - la forma logica.
> Per poter rappresentare la forma logica dovremmo poter situare noi stessi con la proposizione fuori della logica, vale a dire, fuori del mondo.[195]

Questa riflessione è dunque volta a porre l'accento sull'errore linguistico cui s'incorre frequentemente e che causa incresciose incomprensioni: la sostituzione del significato al significante. A questo punto ci si chiede però come mai Vian abbia messo il primo principio semantico in bocca ad un demagogo quale è Leone. Sembra esserci un'incoerenza *logica*, appunto. Ma è sufficiente vedere come s'insinui nelle parole del padre lo spettro dello stereotipo, ed ecco che il discorso ritorna coerente. Quello che Vian intende osteggiare, infatti, è, come abbiamo già accennato, il linguaggio stereotipato. Sotto questo punto di vista vediamo come Leone assuma un atteggiamento ingenuo nei confronti della parola, dal momento che, con un'evidente e stridente contraddizione, professa la fede korzybskiana senza coglierne il senso. Quello che il padre ci pone davanti agli occhi non è altro che un ennesimo *slogan*, una vuota etichetta che si va a sommare alle altre sulle quali in suo discorso è fondato, come dimostra anche la frase che la moglie gli rivolge:

> La targhetta non è l'uomo! Me lo hai ripetuto tante volte[196],

ove si vede come pure lei sia assoggettata dalla formula utilizzata dal marito. Vian smaschera Leone, ce lo mostra in tutta la sua inconsapevolezza semantica, preda dello stereotipo che, come Barthes ha notato, è sempre la verità d'altri[197], anche se questo altri

---

[194] Cfr. ivi, n° 2.17, p. 31.
[195] Ivi, n° 4.12, p. 50.
[196] B. Vian, *I costruttori di imperi*, in Id., *Teatro*, op. cit., p. 215.
[197] Cfr. R. Barthes, *Frammenti di un discorso amoroso*, Einaudi, Torino, 1979, p. 38.

dovesse essere Korzybski stesso. Persino la madre non è indenne dalla formula, la quale, nelle sue parole, prende la forma del *tòpos* poetico, completamente fuori luogo e per questo viziato:

> MADRE (*declama*) Dove corriamo, donde veniamo, che importa – si conduce la vita, di porta in porta... (*S'interrompe*) Non è esattamente così...
> PADRE L'inizio era buono. Perché non continui?
> MADRE La stanchezza...[198]

Un ridicolizzare la lingua costituita, eretta a norma fissa e inviolabile, ecco che cosa è *I costruttori di imperi*:

> Toute la pièce va nous montrer des personnages incarnant un langage fortement connoté socialement, cherchant à s'imposer par lui, ou à se réfugier en lui ; cherchant beaucoup plus à faire correspondre la réalité spécifique qui les entoure au modèle transmis dans le langage qui leur sert à la nommer ou à en parler (quitte pour cela, à la mutiler) qu'à essayer de trouver un nouveau langage pour vivre cette réalité.[199]

Anche Wittgenstein mette in luce come i limiti del linguaggio costituiscano in realtà i limiti del proprio mondo:

> Questo pensiero dà la chiave per decidere la questione, in che misura il solipsismo sia una verità.
> Ciò che il solipsismo *intende* è in tutto corretto; solo, non si può *dire*, ma mostra sé.
> Che il mondo è il *mio* mondo si mostra in ciò, che i limiti *del* linguaggio (del solo linguaggio che io comprendo) significano i limiti del *mio* mondo.[200]

Perché lo stereotipo è confortante e fondante, soprattutto per chi si rifugia in esso per proteggersi e per evitare di mettere in discussione il proprio linguaggio e, con questo, se stesso. Per contro assume

---

[198] B. Vian, *I costruttori di imperi*, in Id., *Teatro*, op. cit., pp. 214-215.
[199] P. Gauthier, *Schmurz, discours et parole*, in AA. VV., *Boris Vian: Colloque de Cerisy*, direzione di N. Arnaud e H. Baudin, op. cit., vol. II, pp. 97-98.
[200] L. Wittgenstein, *Tractatus logico-philosophicus e Quaderni 1914-1916*, op. cit., n° 5.62. pp. 88-89.

quindi un valore simbolico ed emblematico la figura dello Schmürz, il personaggio onnipresente sulla scena, mal menato dalla madre e dal padre eppur perennemente muto, quasi una presenza-assenza; ecco come Vian lo introduce:

> In un angolo c'è già lo Schmürz. È tutto avviluppato di bende e vestito di stracci. Ha un braccio al collo e si appoggia a un bastone. Zoppica, sanguina, ha un aspetto brutto. Se ne sta rincantucciato in un angolo.[201]

Questa figura viene censurata dalla madre e dal padre, solo Zenobia e Cruche ne prendono in considerazione l'esistenza, anche se la serva sarà costretta dai suoi padroni a percuotere l'uomo contro la sua volontà, fino al momento in cui, emancipatasi, rinnegherà le regole linguistiche della famiglia abbandonando il lavoro, dacché, come Barthes annota:

> [...] è illusorio voler contestare la nostra società senza mai pensare i limiti stessi della lingua con cui (rapporto strumentale) noi pretendiamo di contestarla [...].[202]

Perché sia ben evidente questa dicotomia tra il vizio della nomenclatura, del fissaggio in categorie e la realtà nella sua totalità è necessario che

> [...] le Schmürz, aux consonances et à l'aspect étrange (étranger), sauvage (en face de la parole domestiquée qu'est le discours) soit un nom qui n'est pas un nom, un anti-nom, un « quelque chose » qui n'a pas son « étiquette » dans le langage du Père et de la Mère.[203]

Allo stesso modo il Rumore che mette in fuga i protagonisti è identificato mediante il generico appellativo di "rumore", poiché proveniente dal di fuori del sistema linguistico eretto dal padre. Come lo Schmürz, anche il sinistro suono è costantemente ignorato, nonostante sia il movente principale della continua risalita sulla

---

[201] B. Vian, *I costruttori di imperi*, in Id., *Teatro*, op. cit., p. 210.

[202] R. Barthes, *L'impero dei segni*, Einaudi, Torino, 1984, p. 13.

[203] P. Gauthier, *Schmurz, discours et parole*, in AA. VV., *Boris Vian: Colloque de Cerisy*, direzione di N. Arnaud e H. Baudin, op. cit., vol. II, p. 98.

scala dei piani da parte dei protagonisti, i quali, colti dal terrore appena l'odono, s'apprestano ad abbandonare la loro abitazione occupandone un'altra al piano superiore, con un movimento esattamente inverso a quello dell'avvocato Giuseppe Corsi, protagonista del racconto *Sette piani* di Buzzati;

> ZENOBIA E quanti piani restano sopra di noi?
> PADRE (*molto sincero*) Proprio non capisco la domanda.
> ZENOBIA E se il rumore ricomincia?
> MADRE Ma quale rumore?[204]

Il Rumore non ha un nome ma solo una presenza, allo stesso modo dello Schmürz. E lo Schmürz sarà l'unico personaggio a gioire al risuonare del rumore, forse a testimoniare che ai due compete la medesima natura:

> [...] Il rumore cessa, tutti, tranne lo Schmürz, appaiono sollevati[205];

> Si sente vagamente il Rumore, e tutti s'immobilizzano tranne lo Schmürz che continua ad agitarsi lentamente[206];

> [...] Il rumore cresce di intensità. Il padre e la madre sono pietrificati. La madre è atterrita ma immobile. Il padre ha lasciato cadere il libro. Il Rumore si allontana. La madre va alla porta, cerca di aprire. Il braccio ricade. Lo Schmürz sembra divertirsi un mondo.[207]

Dalle parole di Vian stesso sappiamo che "Schmürz" era una parola inventata da Vian e dalla sua seconda moglie Ursula per connotare qualche cosa di indefinibile. Ne desumiamo che lo Schmürz, così come ci è presentato nell'opera, è colui che sfugge a qualsiasi definizione, la parte inconoscibile e indicibile della realtà. Vian ci restituisce, attraverso il suo personaggio, un principio chiave della semantica generale, quello della non-totalità del linguaggio, secondo cui

---

[204] B. Vian, *I costruttori di imperi*, in Id., *Teatro*, op. cit., p. 231.
[205] Ivi, p. 223.
[206] Ivi, p. 231.
[207] Ivi, p. 241.

[...] il linguaggio, per quanto fitta sia la sua rete semantica, non ci può dire tutto su un evento.[208]

Il linguaggio non è mai esaustivo; lo Schmürz e il Rumore sono ciò che esso non può intrappolare nei suoi schemi troppo rigidi e istituzionalizzati, la porzione di realtà che si vuole far finta di non vedere ma che pure si *mostra*, dal momento che

Ciò che *può* esser mostrato non *può* esser detto.[209]

Viene da chiedersi allora se lo strano personaggio e l'atterrente suono non siano essi stessi metafora della struttura linguistica, la quale non può esprimersi nel linguaggio, dacché è nel linguaggio che si riflette, ma solo esibirsi in esso. Un'interpretazione di questo tipo mi pare supportata qualora ci si voglia attenere alla precisa formulazione che Wittgenstein fornisce di tale concetto:

La proposizione non può rappresentare la forma logica; questa si specchia in quella.
Ciò, che nel linguaggio si specchia, il linguaggio non può rappresentare.
Ciò, che nel linguaggio esprime *sé, noi* non possiamo esprimere mediante il linguaggio.
La proposizione *mostra* la forma logica della realtà. L'esibisce.[210]

Ne consegue che una parte di realtà viene per forza di cose taciuta poiché, essendo strutturalmente affine al linguaggio, non può essere detta. L'uomo è dunque costretto ad una sorta di mutismo a causa dell'insufficienza del suo sistema linguistico. E lo Schmürz, non è forse egli stesso un personaggio muto, sia pure per libera scelta o per sua natura? È utile ricordare come pure l'etimologia leghi il termine "mistero", dunque l'inconoscibile, al concetto del silenzio. Probabilmente alla conoscenza si perviene solo mediante il silenzio, ponendosi al di fuori di ogni sistema linguistico, cui è connaturata la limitatezza.

---

[208] AA. VV., *La semantica generale*, a cura di M. Baldini, op. cit., p. 24.
[209] L. Wittgenstein, *Tractatus logico-philosophicus e Quaderni 1914-1916*, op. cit., n° 4.1212, p. 51.
[210] Ibid., n° 4.121.

Su ciò, di cui non si può parlare, si deve tacere[211],

concludeva amaramente Wittgenstein nel *Tractatus*, decretando la crisi definitiva del linguaggio. Di pari passo mi pare che proceda il ragionamento di Wolf, ne *L'erba rossa*:

> «Dentro era rossa. Rossa e appiccicosa come sangue denso».
> «Non è sangue,» disse Lazzuli, «probabilmente è una condensazione...»
> «Che significa sostituire a un mistero una parola» disse Wolf. «Il risultato è un altro mistero, ecco tutto. Si comincia così e si finisce col fare della magia».[212]

Con la parola non si arriva alla conoscenza assoluta, oggettiva, ma solo alla definizione, dal momento che, seguendo Korzybski:

> La conoscenza è dunque personale ed individuale.[213]

Questo aspetto è stato sottolineato dallo stesso Korzybski allorché egli, parlando dei gradi di astrazione che il linguaggio opera rispetto all'oggetto, spiega come l'*object-level*, ovvero il livello neutrale all'interno del quale solitamente avviene la percezione, sia fondamentalmente non-verbale:

> «[...] Noi possiamo sederci su di un oggetto chiamato "sedia", ma non possiamo sederci sul rumore che facciamo o sul nome che applichiamo a quest'oggetto. È della massima importanza per il presente sistema non-aristotelico non confondere il *verbal level* con l'*objective level*» [...]. Questo livello, scrive Korzybski, «*non è fatto di parole, e non può essere raggiunto mediante le parole. Noi dobbiamo tendere il nostro indice e rimanere in silenzio o noi non raggiungeremo mai questo livello* [...]».[214]

---

[211] Ivi, n° 7, p. 109.
[212] B. Vian, *L'erba rossa*, op. cit., pp. 80-81.
[213] A. Korzybski, *La capacità di astrarre*, in AA. VV., *La semantica generale*, a cura di M. Baldini, op. cit., p. 210.
[214] AA. VV., *La semantica generale*, a cura di M. Baldini, op. cit., p. 33.

Il linguaggio astrae, dunque opera cesure, mutilazioni nel reale, allo stesso modo della madre e del padre che escludono arbitrariamente dal loro Discorso (nel senso conferito a questo termine da Lefebvre) lo Schmürz e il Rumore.

> Il significato base di «astrarre», «astrazione», implica «selezione», «scelta», «separazione», «sintesi», «deduzione», «rifiuto», «omissione», «liberazione», «rimozione», «semplificazione» [...][215],

afferma Korzybski, ed ecco che immediatamente siamo condotti al problema della cesura che il linguaggio opera sul reale. A queste censure si oppongono quindi le enumerazioni di Cruche, la quale, in questa maniera, tenta di esaurire tutte le possibili combinazioni di stati di cose; questo atteggiamento

> [...] n'est rien d'autre qu'une application, dans le langage de la communication, des conseils de Korzybski : Ne pas enfermer le Réel dans une seule de ses qualifications, procéder par énumérations [...].[216]

Disseminati nel testo troviamo numerosi esempi di quest'atteggiamento, che Korzybski definisce "non-elementaristico", dunque Semantico:

> Subito signora. (*A Zenobia*) Cosa vuoi?: uova, latte, cioccolato, caffè, tartine, sformato, porridge, marmellata d'alabicocche, uova, frutta, verdura?[217];

> ZENOBIA Che giorno è oggi?
> CRUCHE Lunedì, Sabato, Martedì, Giovedì, Pasqua, Natale, Domenica dell'Avvento, Domenica del Prima, Domenica del Dopo, Domenica del Durante, oppure niente Domenica, può darsi la Pentecoste[218];

---

[215] A. Korzybski, *La capacità di astrarre*, in AA. VV., *La semantica generale*, a cura di M. Baldini, op. cit., p. 216.
[216] P. Gauthier, *Schmurz, discours et parole*, in AA. VV., *Boris Vian: Colloque de Cerisy*, direzione di N. Arnaud e H. Baudin, op. cit., vol. II, p. 108.
[217] B. Vian, *I costruttori di imperi*, in Id., *Teatro*, op. cit., p. 211.
[218] Ivi, p. 226.

ZENOBIA Soltanto una camera e questa stanza. Come si potrebbe definire una stanza simile?

CRUCHE Non ha un nome. Ma si potrebbe definire una rimessa, uno sgabuzzino, un granaio, un sottoscala, un armadio a muro, uno scolatoio, un sottopalco e ancora molte altre cose, senza mettere nel conto una stalla per quanto non ci siano animali. Almeno spero[219];

> Passa la mano, si libera, abbandona, si ritira dal giuoco, sta a guardare, non ci sta più, fa orecchi da mercante, se ne lava le mani, e, concludendo, si disinteressa alla situazione.[220]

Pure Zenobia, alla fine, memore dell'insegnamento di Cruche, procede per elenchi, dimostrando di porsi criticamente nei confronti del Discorso familiare:

> Inchiodata... immobilizzata... ribattuta... incrollabile... inamovibile e per così dire, non si può girare.[221]

Nel fornire il numero maggiore di soluzioni, fuori dal sistema costruito sull'aut aut, ci si ritrova indirettamente alla polemica Korzybskiana contro la logica aristotelica, sulla quale anche Vian si è a più riprese pronunciato negativamente:

> Je ne sais pas si je bouscule exactement la logique [...]; je crois que cet effet vient de ce que la logique pour moi n'est pas la logique aristotélicienne. Je n'ai jamais pu me contenter de la logique du blanc et du noir ou de celle à deux valeurs. C'est absolument insuffisant. Si une chose n'est pas noire, elle peut être blanche, évidemment, mais elle peut être également d'un tas de couleurs différentes. Enfin, ce n'est pas oui, non, peut-être. Je trouve que ces trois valeurs-là sont insuffisantes.[222]

---

[219] Ivi, p. 227.
[220] Ivi, pp. 236-237.
[221] Ivi, p. 239.
[222] J. Clouzet, *Boris Vian*, Pierre Seghers éditeur, Paris, 1966, p. 48.

Ora, sappiamo che uno dei termini chiave della semantica generale è appunto "non-aristotelian system", sistema che Korzybski per primo intende realizzare, l'unico capace di rendere conto della molteplicità del reale, della sua mobilità, il primo che si ponga al di fuori dei classici sistemi euclidei e newtoniani.[223] Sempre secondo Korzybski, infatti, caratteristica peculiare del sistema non aristotelico dovrebbe essere quello di presentare "una scala infinita di valori"[224], di modo che la creatività umana non sia ingabbiata in una improduttiva bidimensionalità, ma possa spaziare liberamente. Inutile sottolineare che in questa maniera cade persino il "principio del terzo escluso", cui Aristotele diede formulazione, e il principio di non contraddizione, il quale trovava la propria condizione d'esistenza proprio nella logica a due valori e nella categoria di giudizio vero-falso. Le soluzioni in Vian sono infinite, e tutte ugualmente possibili, dal momento che non siamo in grado di verificare gli stati di cose in tutti i mondi possibili, per riprendere Wittgenstein. Quella di Vian non è dunque un'*anti*-logica, ma piuttosto un'*a*-logica, o una *sovra*-logica, che dir si voglia, qualora ci si riferisca alla logica aristotelica. Quest'idea mi sembra trovare fondamento in Wittgenstein:

> Non possiamo dunque dire nella logica: Questo e quest'altro v'è nel mondo, quello no.
> Ciò parrebbe infatti presupporre che noi escludiamo certe possibilità, e questo non può essere, poiché altrimenti la logica dovrebbe trascendere i limiti del mondo; solo *così* potrebbe considerare questi limiti anche dall'altro lato.
> Ciò, che non possiamo pensare, non possiamo pensare; né dunque possiamo *dire* ciò che non possiamo pensare.[225]

La logica viene svelata in tutta la sua incompletezza, tanto che Wittgenstein, dopo averla definita una tautologia, arriva persino a dire che, non aggiungendo nulla alla realtà per il suo essere incondizionatamente vera, essa è priva di senso e che dunque non è un principio coerente di indagine del reale:

---

[223] Cfr. AA. VV., *La semantica generale*, a cura di M. Baldini, op. cit., p. 23.
[224] A. Schaff, *Semantica generale*, in AA. VV., *La semantica generale*, a cura di M. Baldini, op. cit., p. 161.
[225] L. Wittgenstein, *Tractatus logico-philosophicus e Quaderni 1914-1916*, op. cit., n° 5.61, p. 88.

Tautologia e contraddizione non sono immagini della realtà. Esse non rappresentano alcuna possibile situazione. Infatti quella ammette *ogni* possibile situazione; questa, *nessuna*. Nella tautologia le condizioni della concordanza con il mondo - le relazioni di rappresentazione - s'elidon l'una l'altra, così che essa non sta in alcuna relazione di rappresentazione alla realtà.[226]

Mi pare si innesti bene a questo punto il rifiuto, caratteristico di Vian, di dare un senso univoco e comprensibile ai fatti e al loro divenire storico, consapevole che i parametri di giudizio sono abbattuti e che le possibilità sono aperte alla multidimensionalità. La multidimensionalità investe persino la singola parola, la quale viene indagata ne *I costruttori di imperi*, nella sua polivalenza semantica. La parola, infatti, si potrebbe dire, al pari della logica wittgensteiniana, potrebbe essere essa stessa investita di un a-sesatezza, in nome della polivalenza, ovvero ciò che la rende tautologica. A questo proposito mi pare utile riportare alcune incomprensioni linguistiche scaturite da un ingenuo utilizzo del linguaggio e che Zenobia prontamente evidenzia:

> ZENOBIA È quello che pensavo. Il tempo passa male e con fatica.
> CRUCHE Non ha spazio.
> ZENOBIA C'è troppa gente o troppo che cosa? Che cosa gli impedisce di passare? E poi, dove passa? Per la cruna di un ago? Per la strada?[227];

> VICINO Il fatto è che il ragazzo va verso i diciotto anni...
> ZENOBIA E come ci va? A piedi, a cavallo o coi pattini a rotelle?[228]

Secondo quanto afferma Korzybski, la "multiordinalità" investe la maggior parte dei termini della nostra lingua; siamo al cospetto di un altro principio semantico:

---

[226] Ivi, n° 4.462, pp. 61-62.
[227] B. Vian, *I costruttori di imperi*, in Id., *Teatro*, op. cit., p. 227.
[228] Ivi, p. 219.

La più importante caratteristica semantica di queste entità linguistiche è dovuta al fatto che essi sono in genere ambigui.[229]

E per verificare la multiordinalità del linguaggio il procedimento è analogo a quello di cui dà prova Zenobia. Il consiglio di Korzybski è infatti quello di

> [...] formulare una proposizione e vedere se il termine di cui desideriamo appurare la multiordinalità, si può applicare ad essa, successivamente formulare un'altra asserzione *su* quella precedente e se il nostro termine è applicabile anche a questa, si è accertato che esso possieda la caratteristica in questione.[230]

Anche se non abbiamo notizia di un'influenza delle teorie di Korzybski su Vian in data anteriore al 1950, mi pare utile riportare un passo de *L'autunno a Pechino* che riprende un dialogo tra il professor Mangemanche e Amadis Dudu, a riprova del fatto che una simile riflessione linguistica è sempre stata una cifra costitutiva della poetica del nostro autore (si farà riferimento all'edizione in lingua originale, per restituire il gioco di parole):

> - Venez m'aider, dit.
> - Je ne peux pas, professeur, répondit Amadis. L'archéologue m'a planté là, et je ne peux plus me déplanter.
> - C'est idiot, dit le professeur Mangemanche. C'est juste une façon qu'on a d'écrire.
> - Vous croyez ? dit Amadis anxieux.
> - Broutt ! dit le professeur, en soufflant brusquement au nez d'Amadis, qui eut très peur et se sauva en courant.[231]

Il passaggio evidenzia come Dudu sia vittima e schiavo di un linguaggio che non domina e di cui non è padrone. La parola costringe e condiziona il comportamento di Amadis il quale, a causa

---

[229] AA. VV., *La semantica generale*, a cura di M. Baldini, op. cit., p. 26.
[230] *Ibid*.
[231] B. Vian, *L'automne a Pékin*, Editions du Scorpion, Paris, 1947, p. 123.

del suo atteggiamento elementaristico, ne subisce il potere. Al contrario Mangemanche, e Zenobia con lui, compiono una riflessione consapevole sul modello linguistico vigente, mettendone in luce le contraddizioni, dimostrando di saper mettere in pratica quella che secondo Korzybski è una delle caratteristiche chiave del linguaggio, la sua autoriflessività:

> La capacità di riflettere se stesso; possiamo utilizzare il linguaggio per parlare sul linguaggio, fare asserzioni su asserzioni [...].[232]

Rievocando la citata dicotomia tra Parola e Discorso possiamo interpretare *I costruttori di imperi* come una

> [...] lutte entre un *discours* (au sens où Henri Lefebvre l'emploie dans Langage et Société), c'est-à-dire un langage asservi et conditionné par tout ce qui est en fait extérieur à nous, mais qui est devenu inconsciemment notre nature : les habitudes familiales, culturelles, sociales, et la Parole, c'est-à-dire un langage libre, ou essayant de se libérer (comme le voudrait Korzybski).[233]

La contrapposizione si svolge dunque tra due poli: Zenobia e Cruche, consce della profonda crisi che sta attraversando il linguaggio, e Leone ed Anna, coloro che si rifiutano di mettere in discussione il *discorso*, nonostante i numerosi malintesi da esso generati. Ecco che Leone appare ridicolo, ogni qualvolta parli, e sviluppi una parodia linguistica, uno sproloquio, come gli rimprovererà la figlia:

> È sconvolgente sentire quanto si possa sproloquiare a quell'età.[234]

E si badi bene che lo sproloquio investe il discorso, mai la parola. Al contrario dei genitori, infatti, Zenobia non è affatto ingenua, e ciò non può che far vacillare le miliari e consolidate strutture linguistiche che, per non ammettere la propria frantumazione, si

---

[232] AA. VV., *La semantica generale*, a cura di M. Baldini, op. cit., p. 24.

[233] P. Gauthier, *Schmurz, discours et parole*, in AA. VV., *Boris Vian: Colloque de Cerisy*, direzione di N. Arnaud e H. Baudin, op. cit., vol. II, p. 110.

[234] B. Vian, *I costruttori di imperi*, in Id., *Teatro*, op. cit., p. 231.

costringono nelle rigide barriere dello stereotipo:

> PADRE Ah! ecco la porta d'ingresso, che dà giustamente sul pianerottolo d'ingresso.
> ZENOBIA Che cosa dà?
> PADRE Zenobia, non prendere tutto alla lettera, mi dài le vertigini.
> ZENOBIA (*borbotta*) Alla lettera. (*Alza le spalle*).[235]

Korzybski stila poi una serie di caratteristiche mediante le quali è possibile individuare un non Semantico e vediamo come queste peculiarità si addicano perfettamente alla persona del padre. In prima battuta ci viene detto che affermare piuttosto che esaminare la gamma di soluzioni possibili sia uno dei vizi che denuncia una certa elementarietà. Ora, il padre, al contrario di Zenobia, nega sentenziosamente il passato del quale pur si ricorda la ragazza, tentando, in questa maniera, di omettere dal discorso ciò che potrebbe frantumarlo: la loro risalita attraverso i piani causata dal Rumore e assistita dalla presenza silente dello Schmürz;

> MADRE È peggio di quella precedente.
> PADRE Dev'essere uguale. (*Si stropiccia le mani*).
> ZENOBIA Ma come puoi essere tanto in malafede? Di sotto avevo la mia camera...
> PADRE Come? In basso, avevamo tre stanze, esattamente come qui. Dormivi nello studio.
> ZENOBIA Ma no, non parlo di ieri... Voglio dire, di sotto, molto prima...[...]
> PADRE Io non mi ricordo affatto di tutto ciò... Di conseguenza come può una bambina come te...[236]

In secondo luogo è tipicamente non Semantico

> Paraître raisonnable et se contenter de « rationaliser » c'est-à-dire inventer pour couvrir ses motifs des arguments

---

[235] Ivi, p. 215.
[236] Ivi, p. 212.

qui sauvent la face.[237]

Ecco che questo enunciato mi pare ravvisabile nel momento in cui Zenobia, preoccupata, si rende conto che la scala s'arresta e dunque ne deduce che probabilmente il loro epilogo è alle porte. A questo punto interviene Leone, fornendo una semplicistica esplicazione, tutt'altro che esauriente:

> ZENOBIA E se non ci sarà più una scala, quando saremo saliti ancora di un piano?
> PADRE Se non ci sarà più una scala, vorrà dire che non avremo più bisogno di servircene, il tuo famoso rumore, tu non lo sentirai più, di conseguenza.
> ZENOBIA (*scoraggiata*) Se questo è il tuo modo di ragionare...
> PADRE Ti trovo stana, Zenobia. Al posto tuo, molte ragazze sarebbero felici.[238]

In ultima analisi un ruolo fondamentale nel discorso non Semantico è giocato dal luogo comune, dalla sentenza che, come abbiamo già notato, conferisce certezza al discorso linguistico, rivestendolo della patina coercitiva dell'autorità.

Per fare praticamente fronte a questo genere di errori, Korzybski ritiene che l'uomo debba assumere un orientamento di tipo "estensionale" o scientifico, mediante il quale gli sarà possibile rapportarsi alla realtà evitando i trabocchetti linguistici. Ovviamente questo tipo di orientamento presuppone una logica a più valori, non aristotelica.

> «L'unico legame possibile tra il mondo *oggettivo* e il mondo verbale – afferma Korzybski – è strutturale. Se le due strutture si somigliano allora il mondo empirico diviene intellegibile per noi [...]»[239];

viene rievocato alla mente il principio wittgensteiniano, secondo cui

---

[237] P. Gauthier, *Schmurz, discours et parole*, in AA. VV., *Boris Vian: Colloque de Cerisy*, direzione di N. Arnaud e H. Baudin, op. cit., vol. II, p. 107.
[238] B. Vian, *I costruttori di imperi*, in Id., *Teatro*, op. cit., p. 232.
[239] AA. VV., *La semantica generale*, a cura di M. Baldini, op. cit., p. 29.

la struttura logica sia l'unico legame vigente tra mondo e linguaggio, tra realtà e sua *immagine* verbale;

> Il disco fonografico, il pensiero musicale, la notazione musicale, le onde sonore, tutti stanno l'uno all'altro in quella interna relazione di raffigurazione che sussiste tra linguaggio e mondo.
> A essi tutti è comune la struttura logica.[240]

Procedendo nel discorso di Korzybski si nota però che

> Di fatto, mentre la realtà, così come la conosciamo attraverso le teorie scientifiche a nostra disposizione, è soggetta a continui cambiamenti, è soggetta cioè ad un processo senza sosta, il linguaggio e le altre forme simboliche, da noi create, sono profondamente statiche.[241]

Da questa antinomia sorge il problema di come creare una concordanza strutturale tra le forme verbali e quelle non-verbali. Korzybski denuncia dunque l'esigenza di inserire nella lingua strumenti estensionali. Questi strumenti sono cinque: gli indici, le date, l'eccetera, le virgolette e i trattini d'unione. L'indice è teso a salvaguardare la particolarità e l'unicità di ogni persona o fatto, dal momento che protegge dall'identificazione di due entità linguistiche differenti, identificazione spesso causata da quelle parole multiordinali e dalla generalizzazione. Le date permettono di dare conto del momento preciso, della contingenza, rammentando che tutto, nel mondo, è soggetto ad una continua evoluzione e tutelando dal rischio della generalizzazione cui conducono determinati termini. L'eccetera ricorda la limitatezza del nostro sistema linguistico, avverte che la scrittura e il linguaggio verbale non esauriscono le qualità e le caratteristiche dell'oggetto o le possibilità degli stati di cose. Le virgolette servono ad avvertire che un determinato lemma può avere multipla significazione, a seconda del soggetto parlante, e che quindi è necessario richiamarsi al contesto. Infine, i trattini d'unione ci rendono consapevoli delle inter-

---

[240] L. Wittgenstein, *Tractatus logico-philosophicus e Quaderni 1914-1916*, op. cit., n° 4.014, p. 44.
[241] AA. VV., *La semantica generale*, a cura di M. Baldini, op. cit., p. 29.

connessioni esistenti persino tra realtà che ai nostri occhi appaiono separate, dacché, nel mondo, nessun elemento prescinde dall'altro o è perfettamente isolabile. Tra questi strumenti si può senza alcun dubbio notare come, nell'opera di Vian, ci si appelli dell'ausilio dell'eccetera e dei trattini d'unione. Basterà citare qualche passo esemplificativo, anche se occorre precisare che il ricorso a questo tipo di soluzioni è letteralmente abusato da Vian in pressoché tutti i suoi scritti, a testimonianza di come la riflessione linguistica fosse da sempre al centro del suo pensiero, ancor prima dell'incontro con Korzybski:

> - Ne ha dell'immaginazione, lei! – disse Amadis. – E un animo poetico, epico, eccetera eccetera. Per l'ultima volta, torni al suo lavoro[242];

> La scena è cambiata. Si tratta di una mansarda dall'aspetto ancora più sordido della stanza precedente. Vi si trovano i bagagli, le valigie, i pacchi della prima scena. Le porte invece sono in numero minore e la stanza non è più un soggiorno ma una sorta di locale tuttofare: un fornello su una tavola, una catinella sull'altra ecc... ecc[243].

Per quanto concerne i trattini d'unione mi sembra sufficiente evocare il caso esemplare dell'arrache-cœur, prima presente ne *La schiuma dei giorni* e poi diventato titolo di un romanzo, anche se nella traduzione italiana (*Lo strappacuore*), abbiamo perduto questo tratto. Peculiarità dell'autore è poi quella di dar vita a neologismi dei più disparati, soprattutto inerenti al mondo vegetale e animale, probabilmente a denuncia dell'insufficienza delle nostre codificazioni linguistiche per indagare un mondo proteiforme nella sua totalità; c'è sempre qualche cosa che potremmo non vedere e, magari un giorno, scoprire:

> Il sentiero costeggiava la scogliera. Ai margini crescevano calamine in fiore confusacche un po' avvizzite i cui petali,

---

[242] B. Vian, *L'autunno a Pechino*, Sellerio, Palermo, 1999, p. 262.
[243] B. Vian, *I costruttori di imperi*, in Id., *Teatro*, op. cit., p. 226.

diventati neri, erano sparsi a terra[244];

Un volo di gabbiòdole che senza dubbio stavano partendo verso il Sud gli fece alzare gli occhi, a causa delle sue orecchie. Strana, quest'abitudine di cantare su degli accordi: gli uccelli della punta davano la nota bassa, quelli di mezzo la tonica, e gli altri si dividevano equamente la dominante e la sensibile, e alcuni si azzardavano anche a provare degli arricchimenti più sottili perfino dei diminuiti. Tutti attaccavano e si fermavano alla stessa seconda a intervalli tuttavia irregolari.
Usanza delle gabbiòdole, pensò Giacomorto. Chi le studierà? Chi saprà descriverle? Ci vorrebbe un bel librone su carta patinata, illustrato con acqueforti a colori dovute al fecondo bulino dei nostri migliori animalisti. Gabbiòdole, gabbiòdole, perché nessuno approfondisce le vostre usanze?[245]

Il tentativo di riempire un vuoto nel sistema linguistico vigente mi pare faccia da contraltare alla crisi del linguaggio e del suo significato, così come Wittgenstein aveva mostrato. Infatti, cercare nuove soluzioni che non abbiano riscontro reale nel nostro mondo, se da un lato significa essere aperti alle infinite possibilità, d'altro canto traduce persino la perdita di senso e la sfiducia che ha investito la parola. La crisi del linguaggio, infatti, non impedisce di esprimersi, ma spinge a trovare espedienti che la possano esorcizzare: quello di Vian è l'immaginazione. Vian non vuole infatti distruggere il sistema linguistico, solo evidenziarne i limiti e la fragilità. In questo senso mi pare che il *passaggio* che chiude *L'autunno a Pechino* possa essere emblematico e sia suscettibile di indagine mediante le proposizioni wittgenstaniane:

Considerate le speciali proprietà del sole in Exopotamia, e vista la natura del suolo, c'è il rischio che si producano fenomeni eccezionali; bisogna inoltre tener conto del fatto che in Exopotamia ci sono già un archeologo e i suoi

---

[244] B. Vian, *Lo strappacuore*, Marcos y Marcos, Milano, 1993, p. 9.
[245] Ivi, pp. 203-204.

aiutanti, un eremita e una negra, e l'abate Petitjean, che deve fare le sue ispezioni a un bel po' di eremiti. Il personale esecutivo porterà con sé le rispettive famiglie. Data la complessità dell'insieme, e nonostante l'esperienza acquisita, è veramente impossibile prevedere, e ancor più immaginare, quello che potrà loro succedere. È inutile tentate di descriverlo, perché si può concepire di tutto.[246]

Ora, riprendendo Wittgenstein,

L'oggetto è il fisso, il sussistente; la configurazione è il vario, l'incostante[247];

ecco che ci troviamo al cospetto di elementi fissi dell'universo letterario, dati, quali l'archeologo, l'abate, l'eremita e la negra. Questo però non permette di trarre conclusioni definitive riguardo la vicenda a venire, dal momento che le combinazioni sono infinite e tutte allo stesso modo plausibili. Inoltre, sempre secondo Wittgenstein, la verità di una proposizione è relegata al dominio della possibilità[248] e quindi, siccome non vi è certezza alcuna, Vian si rifiuta di fornire una soluzione definitiva, evitando di dare un senso univoco e premeditato alla storia mediante la scrittura. La parola poetica si arresta nel reale; oltre la soglia l'infinito si intravede soltanto. E *l'esperienza* a nulla serve, dal momento che essa rende conto soltanto dell'universo a noi noto, precludendosi tutti gli altri mondi possibili a noi ignoti. Dall'inverificabilità logica deriva direttamente il silenzio espresso nell'ultima frase del *Tractatus*[249]:

Su ciò, di cui non si può parlare, si deve tacere.[250]

Viene allora spontaneo domandarsi se il termine ultimo della scrittura messo a fuoco nel passaggio citato de *L'autunno a Pechino* sia o meno una riformulazione del famoso silenzio wittgenstaniano; come sempre la domanda rimane aperta, disposta ad accogliere un

[246] B. Vian, *L'autunno a Pechino*, op. cit., p. 319.
[247] L. Wittgenstein, *Tractatus logico-philosophicus e Quaderni 1914-1916* , op. cit., n° 2.0271, p. 28.
[248] Cfr. ivi, n° 4.464, p. 62.
[249] U. Giacomini, Il *problema del linguaggio nella seconda « Ricerca filosofica » di Wittgenstein*, in "Aut Aut", n° 69, Maggio 1962, p. 239.
[250] L. Wittgenstein, *Tractatus logico-philosophicus e Quaderni 1914-1916*, op. cit., n° 7, p. 109.

numero infinito soluzioni.

IV

Dietro il paesaggio

Lettura geocritica dei quattro romanzi di Boris Vian

Dall'avvento dell'epoca moderna ci si è accorti della rilevanza capitale che hanno assunto, nella letteratura, i concetti di spazio e tempo. Il Novecento è stato senza dubbio il secolo della frantumazione che, con la sua estetica del frammento, ha mostrato come in realtà non fosse più possibile fornire rappresentazioni spazio-temporali in maniera assoluta ed unitaria. Lo spazio letterario si è complicato, ha mostrato il suo lato contraddittorio per quanto concerne il rapporto con il referente reale. E il tempo, allo stesso modo, è stato manipolato, ci si è resi conto come, in un'opera, non fosse più esaustivo parlare di un tempo oggettivo, ma di come, a questo, bisognasse affiancarne uno totalmente soggettivo. Spazio e tempo investono un piano comune sotteso a una logica in cui il frammento non è più ordinato in funzione di un insieme coerente. In questo senso la rivoluzione apportata dalla teoria della relatività di Einstein (1905) ha giocato un ruolo fondante: tempo e spazio, oramai lungi dall'essere mere coordinate di riferimento ed orientamento, sono diventati, a pieno titolo, oggetti significanti del discorso;

> «La geografia è diventata una sorta di etica. Ogni movimento dello spazio geografico è dotato di un significato tanto religioso quanto morale».[251]

E inoltre, è bene notare che:

> Ad una temporalità decostruita corrisponde una frantumazione spaziale che il più delle volte conduce ad un coinvolgimento della geografia.[252]

---

[251] Jurii Lotman, *La semiosfera. L'asimmetria e il dialogo nelle strutture pensanti*, op. cit. in B. Westphal, *Geocritica. Reale Finzione Spazio*, Armando, Roma, 2009, p. 7.

La geocritica offre degli strumenti in grado di indagare l'opera letteraria tenendo conto dei rapporti che questa instaura e intrattiene con il reale, partendo da un punto di vista imagologico. L'imagologia ha come presupposto un approccio interdisciplinare alla letteratura, mettendo in campo le relazioni del soggetto con un Altro, il qui con un Altrove, secondo quanto dice Pageaux:

> «[...] L'immagine è dunque espressione, letteraria o meno, di uno scarto significativo tra due ordini di realtà culturali» [...]. L'analisi di questo scarto da parte dell'imagologia si concentra sulla rappresentazione dello spazio, esaminando le modalità grazie alle quali un autore si appropria di un ambiente che non gli è familiare.[253]

Sarà proprio questo scarto che dovremmo proporci di indagare per riuscire ad ottenere un'interpretazione dell'opera che non sia egocentrica (focalizzata sul punto di vista dell'autore o di un personaggio) ma multifocale, quindi aperta, in continuo divenire.

Ora,

> La geocritica non si limita allo studio della rappresentazione dell'Altro, percepito in un ambiente monologico, ma pone l'artista – di cui continua a riconoscere la supremazia – al centro di un universo cui egli non è che uno degli ingranaggi[254],

e per questo motivo mi pare sia legittimo tentare di applicare questa metodologia all'opera di Boris Vian, dove lo spazio si stratifica e gli universi paralleli si espandono. In questa maniera si potrà pervenire, mediante lo studio dei luoghi, al significato che essi rivestono nell'economia dei racconti. Essendo quella di Vian essenzialmente una "po-etica" di una devianza omnicomprensiva, che non può quindi non investire i parametri spazio-temporali, mi pare che l'analisi di tempo e spazio nella storia sia pienamente legittimata. D'altronde Deleuze non ha mai smesso di ripetere che "«il divenire è

---

[252] B. Westphal, *Geocritica. Reale Finzione Spazio*, op. cit., p. 32.

[253] Ivi, pp. 157-158.

[254] Ivi, p. 160.

geografico»"[255], ed essendo l'opera di Boris Vian un sistema aperto, senza soluzioni definitive, quello geocrtitico mi pare uno dei migliori modi per indagarlo.

> A priori, lo spazio è un concetto che ingloba l'intero universo, tanto nella direzione dell'infinitamente grande quanto in quella dell'infinitamente piccolo, a sua volta infinit(esimal)mente vasto[256].

Ne consegue che lo studio di qualsiasi creazione letteraria non possa essere disgiunto dall'insieme più grande da cui è contenuta. La cifra dell'infinito è inconcepibile all'uomo, il quale, per orientarsi, non fa altro che "mappare" il territorio in cui vive. Ecco dunque che l'espansione in potenza, non trovando un corrispettivo nella realtà referenziale, trova realizzazione, mediante la parola poetica, in un mondo Altro, in un mondo alternativo, quale è appunto l'universo vianiano. La trasfigurazione della realtà in un universo parallelo fa da sfondo a tutte le vicende dei protagonisti de *Lo strappacuore*, *La schiuma dei giorni*, *L'autunno a Pechino* e *L'erba rossa*, ed essa, come abbiano notato, lungi dall'essere un significante senza significato, merita di essere approfondita. Vian stesso, in una nota pubblicata da Rybalka, informa sulla sua peculiare concezione dello spazio, concezione ravvisabile in pressoché tutte le sue creazioni:

> «Si je peignais je voudrais que, loin d'aller seulement jusqu'au bout de l'espace de la prospective classique, ce que j'écris fasse ce couloir étranglé où l'on s'engage et qui s'élargit après le goulet, et que l'on vît – si je peignais – le paysage masqué, par ce que j'écris, par l'opacité du bourrelet de l'étranglement ventru».[257]

Quello che emerge è che lo spazio concepito da Vian è aperto alle possibilità, lo spazio dei mondi possibili per dirla con Wittgenstein, uno spazio che può fluire in tutte le direzioni che sono appannaggio della sola volontà creatrice dello scrittore.

---

[255] Ivi, p. 39.
[256] Ivi, p. 11.
[257] M. Rybalka, *Boris Vian: essai d'interprétation et de documentation*, Lettres modernes, Paris, 1969, p. 115.

Per Andrzej Stasiuk

«[...] il dominio della geografia e quello dell'immaginario, pur essendo così distanti l'uno dall'altro, sono più strettamente legati tra loro di quanto non lo siano la follia e la saggezza. Uno dei motivi, risiede nel fatto che costruire mondi – una delle forme più nobili del sogno fatto in stato di veglia – presuppone sempre che si facciano i conti con lo spazio»[258],

e questo mi pare soprattutto vero per Boris Vian, dal momento che, nei suoi universi alternativi, non possiamo non constatare come lo spazio sia intimamente finalizzato alla vicenda, alla storia narrata e non mero circondario. A questo proposito risulta di immediata comprensione come la casa abitata da Colin e Chloé sia parte integrante della vita dei protagonisti. Infatti, i due amanti vengono colti in un momento di dolcezza e sensualità mentre attendono l'arrivo del dottore, ed ecco che la stanza, sulle dolci note di *The Mood To Be Wooed* di Hodges, si arrotonda, proteggendoli all'interno del suo ventre accogliente. Al contrario, non appena la giovane donna si ammala, le quattro pareti iniziano a stringersi, a chiudersi su loro stesse, trasformando la prima luminosa camera in un vicolo cieco, in una morsa da cui non è possibile evadere; lo spazio prefigura le vicende dei personaggi, si fa storia esso stesso.

Comme si l'auteur avait été constamment soucieux de «déréaliser» par ces juxtapositions ce qu'il donne pour le plus crédible[259],

perché il mondo non ha solo una sfaccettatura, ma infinite, e Vian le riconosce tutte, liberandole dagli schemi in cui il realismo le aveva costrette;

Poiché non va dimenticato che gli spazi umani esistono soltanto all'interno di quella che possiamo chiamare una

---

[258] B. Wesphal, *Geocritica. Reale Finzione Spazio*, op. cit., p. 51.

[259] M. Nicod-Saraiva, *L'écume des jours, un univers stratifié*, in AA. VV., *Boris Vian: Colloque de Cerisy*, direzione di N. Arnaud e H. Baudin, 23 juillet-2 aout 1976, vol. I, Union générale d'éditions, Paris, 1977, p. 145.

"geo-poetica", ossia un'esperienza discorsiva che si fa creatrice di mondi. Qualsiasi opera, per quanto di primo acchito possa sembrare lontana dalla realtà sensibile o per quanto paradossale possa apparire, attinge sempre al reale, e persino lo crea. Il realismo de-realizzato è una strada perfettamente percorribile[260].

Ai fini dell'analisi dell'operazione compiuta da Vian mi sembra illuminate rievocare quanto affermava Eugen Flink, capofila della fenomenologia dell'irrealtà:

«Ogni mondo ri-simulato è un mondo totalmente immaginato, e tale resta anche quando l'immaginazione deve farsi carico del mondo esistente senza ricrearlo integralmente. Ciò modifica il tenore del mondo nella sua globalità, che esce allora dalla temporalità originaria per iscriversi nel tempo e nel mondo dell'immaginazione».[261]

Quello che Vian crea è uno spazio-tempo strano, deformato, ma non straniero, poiché è pur sempre riconducibile ad una realtà che, mediante questa trasposizione, viene distrutta per poi essere risemantizzata:

Les mots créent un univers, entièrement né d'eux, mais à quoi tout revient, en quoi tout se dissoute [...]. En effet, ils donnent naissance à un univers parallèle, et entretiennent donc avec le monde réel un rapport ambigu : car ils forment contre lui un écran, à la fois terrifiant et protecteur. Terrifiant, car le monde créé de toutes pièces n'est pas rassurant [...].[262]

È nella prefazione a *La schiuma dei giorni* che Boris Vian ci fornisce la linea guida della sua poetica e ci dona la chiave di lettura delle sue opere, allorché scrive:

---

[260] B. Wesphal, *Geocritica. Reale Finzione Spazio*, op. cit., p. 121.
[261] Ivi, p. 108.
[262] H. Bordillon, *L'écume des jours et son public*, in N. Arnaud (direzione di), *Boris Vian de A à Z*, in "Obliques: littérature, théâtre", n° 8-9, numéro spécial, 1976, p. 81.

La storia è interamente vera, perché io me la sono inventata da capo a piedi. La sua realizzazione materiale in senso stretto consiste essenzialmente in una proiezione della realtà, in un'atmosfera obliqua e surriscaldata, su un piano di riferimento irregolarmente ondulato e un poco distorto. Come si vede, è una tecnica inconfessabile, ammesso che ce ne siano.[263]

In questo mondo consegue che

Attraverso il lavoro di rappresentazione, il modello penetra in un ambiente instabile e talvolta aleatorio e viene ri-simulato in un discorso che tende ad adottare i contorni dell'immaginario[264],

ed ecco che tutti i canoni mimetici aristotelici vengono meno. Ci si trova davanti ad una logica spazio-temporale disciolta, liquida, che racchiude in sé tutte le direzioni in potenza e spesso le realizza. Il mondo che Vian ci presenta è un mondo eterogeneo, multiplo e in continua evoluzione dal momento che, come l'autore stesso ribadisce:

Refuser l'évolution est une position intellectuelle de cadavre.[265]

In questo senso mi pare utile rilevare la spiccata modernità di Vian, il quale, come solo un grande precorritore di tempi sa fare, è stato capace di guardare il reale nei suoi aspetti problematici, consegnandoci un'immagine di esso mai armonizzata sotto categorie aprioristiche, piuttosto dissonante, proteiforme, forma della crisi che lo ha investito. Non sembra dunque eccessivo intravedere, nella costruzione dello spazio tipica di Vian, per il suo volersi spingere oltre la struttura e oltre le categorie, i germi di quel post-strutturalismo che troveranno poi completa espressione nella

---

[263] B. Vian, *La schiuma dei giorni*, premessa, Marcos y Marcos, Milano, 1992, p. 15.

[264] B. Wesphal, *Geocritica. Reale Finzione Spazio*, op. cit., p. 108.

[265] B. Vian, *Boris Vian en verve, mots, propos, aphorismes*, a cura di N. Arnaud, Pierre Horay, Paris, 1970, p. 36.

filosofia francese degli anni '60-'70 che annovera, tra i capiscuola, Guattari e Deleuze.

Deleuze dice:

> «Siamo composti di linee che variano ad ogni istante e sono diversamente combinabili, mucchi di linee, longitudini, tropici, meridiani ecc. Non vi è un monoflusso. L'analisi dell'inconscio dovrebbe essere una geografia, piuttosto che una storia»[266]

e non mi pare che siamo così lontani da ciò che afferma Vian in un passaggio chiave per comprendere la sua etica, ne *L'autunno a Pechino*:

> Data la complessità dell'insieme, e nonostante l'esperienza acquisita, è veramente impossibile prevedere, e ancor più immaginare, quello che potrà loro succedere. È inutile tentare di descriverlo, perché si può concepire di tutto[267].

Tutte le soluzioni sono equamente valide e postulabili, e non si danno mai in un modo definitivo, in un modello stabile, dal momento che, come ha posto bene in luce la teoria geocritica:

> Il non-equilibrio è dunque coerente e forse persino più interessante dello stesso equilibrio, nella misura in cui quest'ultimo è privo di storia e «non può che persistere nel suo stato, in cui le fluttuazioni sono nulle». Insomma, l'equilibrio, in quanto incompatibile con il cambiamento, equivale a una non storia. Il non-equilibrio, invece, non può che avere una storia complessa che corrisponderebbe alla traiettoria tracciata in un diagramma di biforcazioni disseminato di punti (e non linee!) di instabilità.[268]

Notiamo quindi come, nei quattro romanzi che mi propongo di analizzare, si assiste alla definitiva ed irrimediabile

---

[266] B. Wesphal, *Geocritica. Reale Finzione Spazio*, op. cit., p. 30.
[267] B. Vian, *L'autunno a Pechino*, Sellerio, Palermo, 1999, p. 319.
[268] B. Wesphal, *Geocritica. Reale Finzione Spazio*, op. cit., p. 31.

[...] crisi di uno spazio *sostanziale* (continuo ed omogeneo) ereditato dalla geometria arcaica, a beneficio della relatività di uno spazio *accidentale* (discontinuo ed eterogeneo) dove le parti, le frazioni (punti e frammenti diversi) tornano ad essere essenziali, come l'istante, frazione o piuttosto effrazione del tempo.[269]

Preventivamente mi pare opportuno porre l'attenzione sul fatto che i romanzi siano continuamente giocati sull'opposizione di stati di cose: uno stabilizzante e l'altro tendente alla mobilità. Occorrerà ora indagare come, da una stabilità iniziale si arrivi alla dispersione e come il punto di partenza sia in realtà fondamentale alla progressione, teoria che mi pare abbia trovato la più alta ed esaustiva formulazione nel concetto di "trasgressione dello spazio", elaborato da Deleuze e Guattari. Infatti, luogo d'elezione del movimento, è, senza alcun dubbio, lo spazio; ed ecco che queste tendenze si riflettono sullo spazio della scrittura. È Vian stesso a dircelo:

«Je suis formellement partisan d'une spirale oblique, figure qui permet le retour en arrière au moment même que l'on progresse, méthode hypocrite peut-être mais qui cesse de l'être dès l'instant que l'on prévient, et présente en outre un caractère rassurant et elastique».[270]

È bene ora, a questo fine, introdurre la distinzione tra luogo e spazio, così come la geocrtica l'ha concepita:

[...] lo spazio come espressione libera della mobilità, laddove il luogo sarebbe invece caratterizzato da un'idea di chiusura e umanizzazione. [...] lo *spazio* si trasforma in *luogo* soltanto quando assume una definizione e un senso.[271]

I luoghi: tali mi paiono essere, nei romanzi di Vian, le case, i villaggi, i luoghi di aggregazione e sociali in cui sono ambientate le vicende.

---

[269] Ivi, p. 41.
[270] B. Vian, *Approche indirecte de l'objet*, "in Dossier 12 du collège de 'Pataphysique", Paris, 1960
[271] B. Westphal, *Geocritica. Reale Finzione Spazio*, op. cit., p. 12.

Abbaimo già notato come appunto l'abitazione de *La schiuma dei giorni* si stringa, letteralmente, intorno al dolore dei protagonisti. La chiusura non sta solo a simboleggiare la compartecipazione sentimentale tra soggetto ed ambiente antropomorfizzato, ma anche a testimoniare come le istituzioni sociali, in questo caso il matrimonio, siano un impedimento verso il libero movimento individuale. Se prima di incontrare Chloé la casa di Colin era mutevole, plasmata secondo la volontà del suo creatore, dopo il passaggio alla vita adulta Colin e Chloé saranno immobilizzati, entro i limiti posti dalle quattro pareti, spettatori di un fato già stabilito, appunto fermo. L'immagine della casa compare pure ne *Lo strappacuore*, più o meno con connotazione identica. La Casa lascia subito presagire un senso di inquietudine poiché, dal suo interno, si levano le grida di dolore della partoriente. Nella narrazione si vedrà poi come l'amore soffocante di Clementina verso i suoi figli li priverà della libertà. Mi pare che l'intento dell'autore sia di esasperare il ruolo negativo che la famiglia riveste nei confronti dell'individuo, dal momento che, istituendo nello spazio del suo dominio determinate regole e valori collettivi, costringe e tende a fagocitare le diversità, unica cifra della personalità, a livellare gli spigoli. Ecco che i tre gemelli vengono prima recintati all'interno di un sinistro "muro del niente", teso ad annichilire la loro voglia di evasione:

> «Che cosa è successo?» domandò. «Gli operai hanno portato via il vecchio muro?»
> «Questo è certo» disse Noël.
> «Non c'è più niente» disse Joël
> «Che roba è?» disse Citroën. «Che cos'è che hanno fatto, allora? Non ha colore. Ma bianco non è. Nero nemmeno, a dire il colore come faremo?»
> Fece qualche passo avanti.
> «Non lo toccare, Citroën».
> Citroën esitava e però tese la mano, ma si fermò prima di toccare il vuoto.
> «Non ho il coraggio» disse.

«Non si vede più niente là dove c'era il cancello» disse Joël. «Prima, ti ricordi, si vedeva la strada e un angolo dei campi. Adesso è tutto vuoto».

«È come stare a occhi chiusi» disse Citroën. «E però ce li hai aperti. Ormai vediamo soltanto il giardino».

«È come se il giardino fosse il nostro occhio» disse Noël «e questa roba fosse le nostre palpebre. Non è nero non è bianco e non ci sono colori, proprio niente. È un muro di niente».

«Sì» disse Citroën «è sicuramente questo. Mamma ha fatto costruire un muro di niente perché non ci venga neanche voglia di uscire dal giardino. Così tutto ciò che non è giardino non è più niente e non ci si può andare».[272]

Emerge a chiare lettere come la natura umana abbia bisogno di razionalizzare lo spazio per concepirlo, di costruire su di esso un sistema di riferimento, seppur arbitrario, per cercare di conferirgli un senso. Il giardino è l'unica realtà con cui i bambini possono confrontarsi, l'unica che ha significato nell'ottica della madre; il resto è Altro, straniero, dunque pericoloso.

«Lo spazio sedentario è striato, da muri, recinti e percorsi tra i recinti, mentre lo spazio nomade è liscio, marcato soltanto da "tratti" che si cancellano e si spostano con il tragitto»[273];

ecco cosa Clementina teme, che i suoi figli possano deambulare nello spazio infinito, aumentando la distanza da lei, dal momento che, in questo luogo, ogni punto si collega al successivo mediante molteplici percorsi, con un moto accelerato, mai retrogrado. Emerge ora la dicotomia tra due tipi di spazio che Deleuze e Guattari hanno definito, mediante un'illuminante intuizione, striato e liscio.

Gilles Deleuze e Félix Guattari hanno operato una distinzione tra spazio liscio e spazio striato, ossia spazio eterogeneo e spazio omogeneo, il quale sottostà a forze

---

[272] B. Vian, *Lo strappacuore*, Marcos y Marcos, Milano, 1993, p. 214.
[273] B. Wesphal, *Geocritica. Reale Finzione Spazio*, op. cit., p. 60.

gravitazionali. «È striato dalla caduta dei corpi, le verticali di pesantezza, la distribuzione della materia in strisce parallele, lo scorrimento lamellare o laminare di ciò che è flusso. Queste verticali parallele hanno formato una dimensione indipendente, capace di comunicarsi ovunque, di formalizzare tutte le altre dimensioni, di striare tutto lo spazio in ogni sua direzione ed in questo modo renderlo omogeneo».[274]

Vediamo come le case siano metafora di uno spazio striato, attraversato da un reticolo di limiti costituiti da norme sociali, consuetudinarie e convenzionali, sempre espressione di un potere esterno coercitivo che "incasella" l'individuo, costringendolo nella mobilità per poterlo controllare.

Lo spazio striato è allora lo spazio che occupa l'apparato dello Stato, è lo spazio della *polis*, del politico, del civilizzato, della polizia, contro lo spazio del *nomos*, che è invece liscio.[275]

Nei romanzi di Vian striato è tutto ciò che è appannaggio del potere prestabilito, dell'ordine costituito e che si manifesta, in tutta la sua tirannia, nell'obbligazione dell'uomo al lavoro, uno dei bersagli polemici prediletti dell'autore;

«Non mi sembra che lavorare sia poi così bello...»
«A loro hanno raccontato così» disse Colin. «In generale si dice che lavorare sia la cosa migliore. Di fatto però non lo pensa nessuno. Si fa così, un po' per abitudine, e un po' proprio per non pensarci troppo».[276]

La concezione del lavoro come convenzione, come omologazione e livellamento, come creatore per antonomasia di spazi striati, si trova pure ne *L'autunno a Pechino*, incarnatasi nella figura del direttore Amadis Dudu, incaricato di costruire una ferrovia nel deserto;

---

[274] Ivi, p. 59.
[275] Ivi, p. 59.
[276] B. Vian, *La schiuma dei giorni*, op. cit., p. 103.

- Gli uffici traboccano di sfaticati – disse Anne. – Ce ne sono una caterva. Si rompono le scatole il mattino. Si rompono le scatole la sera. A mezzogiorno, ingollano della roba che non ha più niente di umano, dentro gamelle di silumin, e il pomeriggio digeriscono facendo buchi su fogli di carta, scrivendo lettere personali, telefonando agli amici. Di tanto in tanto, salta fuori un tipo diverso, uno che è utile. Uno che produce. Lui scrive una lettera e la lettera arriva in un ufficio. Riguarda una pratica. Basterebbe dire sì o no, ogni volta, e sarebbe finita lì, in pratica sarebbe chiusa. Ma questo mica si può fare, eh no.

- Ne ha dì immaginazione, lei! – disse Amadis. – E un animo poetico, epico, eccetera eccetera. Per l'ultima volta, torni al suo lavoro.

- Più o meno per ogni uomo vivo, c'è dunque un uomo che fa il passacarte, un uomo parassita. La lettera che potrebbe chiudere la pratica dell'uomo vivo giustifica la presenza dell'uomo parassita. E per questo che lui la lascia in sospeso: per prolungare la propria esistenza. L'uomo vivo non lo sa.

- Basta – disse Amadis. – Le giuro che è un'idiozia. Le garantisco che ci sono persone che rispondono subito alle lettere. E che di conseguenza si può lavorare. Ed essere utili.

- Se ogni uomo vivo – proseguì Anne – si alzasse dalla sua scrivania e cercasse negli uffici il proprio parassita personale, e se lo uccidesse...

- Lei è insopportabile. Dovrei cacciarla via e rimpiazzarla, ma, sinceramente, penso che sia colpa del sole e della mania di andare a letto con una donna.

- ...allora – disse Anne – tutti gli uffici sarebbero delle bare e, in ogni loculo con le pareti dipinte di verde o di giallo e il linoleum a righe, ci sarebbe lo scheletro di un parassita, e ci si potrebbe disfare delle gamelle di silumin. Arrivederci.[277]

---

[277] B. Vian, *L'autunno a Pechino*, op. cit., p. 262-263.

Il lavoro uccide l'uomo, così come alla fine la ferrovia procurerà la morte di Dudu. E dei binari, delle linee rette in uno spazio sconfinato, cosa sono se non una "striatura"?

> Ci sarà un mucchio di gente in Exopotamia, perché è un deserto. Alla gente piace riunirsi nel deserto, per il grande spazio che c'è. Ognuno cerca di fare le stesse cose che faceva prima, altrove, e che nel deserto gli sembrano nuove;[278]

ecco come si cade nel vizio della striatura dello spazio.

Alla stessa maniera pure il villaggio de *Lo strappacuore* mi pare sia emblema dello spazio striato, con i suoi riti, con le sue crudeltà che trovano la loro giustificazione nella logica sinistra sottesa a quel sistema sociale. Per Giacomorto non c'è scampo, il suo percorso ha due poli: la Casa e il villaggio, e il movimento, tra i due estremi, non può che essere monotono, di andata e ritorno, senza deviazioni o effrazioni. Nulla sta ad indicare la presenza di altri villaggi, di altri abitanti, di un Altrove. Ma la formulazione più incisiva di questo tipo di spazialità si trova in chiusura dello stesso romanzo, ove apprendiamo ciò che, terribilmente, si lasciava presagire: i bambini sono stati definitivamente incarcerati;

> Girandosi, Andrea, vide le tre gabbie. Si alzavano in fondo alla stanza, da cui erano stati tolti tutti i mobili. Erano proprio dell'altezza giusta per un uomo non molto grande. Le spesse sbarre quadrate nascondevano in parte l'interno, ma si vedeva che c'era qualcosa che si muoveva. Dentro ognuna avevano messo un soffice lettino, una poltroncina e un tavolino basso. Una lampada elettrica le illuminava dall'esterno. Mentre si avvicinava per cercare il martello, Andrea vide dei capelli biondi. Guardò meglio, un po' infastidito perché sentiva che la signora l'osservava. Nello stesso tempo aveva ritrovato il grosso martello. Spalancò gli occhi più che poteva mentre si chinava a raccoglierlo. Quando ne incontrò lo sguardo, seppe che dentro le gabbie

---

[278] Ivi, p. 85.

c'erano degli altri ragazzini [...]. Doveva essere meraviglioso stare tutti insieme in quel modo, con qualcuno che ti viene a fare le coccole, in una bella gabbietta calda piena d'amore. Si rimise in viaggio verso il paese. Gli altri non l'avevano aspettato. Dietro di lui il cancello, forse spinto da una corrente d'aria, si richiuse con un tonfo profondo. Il vento passava tra le sbarre.[279]

Siamo ad una doppia chiusura: il cancello e le sbarre, che con il loro movimento verticale e rettilineo pongono dei limiti con un filo a piombo. Quello che ci è presentato è un microcosmo chiuso in se stesso, l'apoteosi dello striato.

A questo genere di spazio, però, Deleuze e Guattari ne contrappongono un altro; trattasi dello spazio liscio:

> Deleuze e Guattari hanno iniziato a stilare un inventario degli spazi lisci. La loro catalogazione rafforza il tentativo di un approccio tematologico allo spazio nella letteratura. C'è il mare, naturalmente, e ci sono la banchisa e il deserto.[280]

Caratteristica essenziale di questa dimensione è poi la variabilità, la polivocità di direzioni dalle quali esso è attraversato. Mare e deserto, dunque, come prototipi di uno spazio liscio; forse Vian ne era consapevole quando ha scelto di ambientare *L'autunno a Pechino* nel deserto dell'Exopotamia. Caratteristica di questo romanzo è, non a caso, la sospensione di qualsiasi indicazione topografica da parte dell'autore, nonostante i protagonisti conoscano precisamente la locazione degli unici luoghi di aggregazione: l'hotel ove sono ospitati, gli scavi di Athanagore e l'eremo di Claude Léon.

> Le désert est la seule chose qui ne puisse être détruite que par construction[281],

scrive Vian, ben sintetizzando l'idea geocritica secondo cui la tentazione di striare uno spazio liscio è insita nell'uomo:

---

[279] B. Vian, *Lo strappacuore*, op. cit., p. 238-239.
[280] B. Wesphal, *Geocritica. Reale Finzione Spazio*, op. cit., p. 60.
[281] B. Vian, *Boris Vian en verve, mots, propos, aphorismes*, a cura di N. Arnaud, op. cit., p. 22.

Lo spazio liscio è continuamente minacciato dalla striatura
che ogni società civilizzata cerca di appiccicargli. Lo spazio
liscio deve essere a tutti i costi *dominato*.[282]

Eccoci allora giunti alla stessa conclusione di Lefebvre, che
sosteneva che lo spazio è essenzialmente eterogeneo eppure è
soggetto a una forza di omogeneizzazione. Questa forza dominante
invade anche il deserto dell'Exopotamia, allorché una troupe viene
inviata in questa terra di nessuno per costruire una ferrovia,
assoggettando tutto ciò che è nato libero alle categorie umane
razionali. Infatti, Lefebvre stesso osserva:

> [...] l'isotopia è la caratteristica dello spazio geometrico già
> definito da Euclide, lo spazio uguale in tutte le sue parti,
> statico, analogico, mentre l'isotropia è propria di uno
> spazio in cui si articolano movimento e tensioni che nessun
> ordine superiore può assoggettare a una gerarchia[283].

Mi pare che ciò riassuma bene la vicenda narrata ne *L'autunno a
Pechino*, dal momento che l'impresa di costruzione sul territorio
desertico si volgerà ad un irreparabile fallimento. L'errore che grava
sulle spalle di Dudu e del sistema è dunque quello di aver tentato di
striare uno spazio che, nella sua stessa essenza, è liscio, dunque
insoggettabile:

> En fait, tous meurent victimes d'un jeu de mots: «bâtir sur
> le sable». «On ne travaille pas dans le désert sans
> conséquences», disait Petitjean.[284]

Si può quindi dedurre che l'universo è per sua natura eterogeneo,
disordinato, e tale è bene che rimanga. Pure Lefebvre ha riflettuto su
questa cifra costitutiva e congenita dello spazio liscio ne *La
produzione dello spazio*. Egli pure

> [...] si è sforzato di mistificare il mito dell'uniformità
> spaziale, posto secondo lui sotto il segno del "fallico", ossia

[282] B. Wesphal, *Geocritica. Reale Finzione Spazio*, op. cit., p. 61.
[283] Ivi, p. 57.
[284] D. Goossens, *A propos de L'automne a Pékin: le désert, les cailloux et les lions*, in AA. VV., *Boris Vian: Colloque de Cerisy*, direzione di N. Arnaud e H. Baudin, vol. I, op. cit., p. 323.

del potere politico, poliziesco, militare e burocratico. «Sous les pavés, la plage» (sotto il pavé, la spiaggia), si scandiva per le strade di Parigi e della Francia intera sei anni prima dell'uscita del suo saggio. Ciò che si constatava, nel fuoco dell'azione, era semplicemente che lo spazio è composito.[285]

Ecco perché costruire sulla sabbia porta conseguenze irreparabili: Dudu e i suoi collaboratori hanno condotto un'operazione tesa a reprimere l'eterogeneità di un deserto, dove l'espansione è continua e continuata, dove non esistono luoghi, ma solo spazi aperti e dove ogni granello di sabbia è diverso dall'altro, poiché infinite sono le direzioni percorribili, perché "Forse il deserto è davvero sterminato".[286]

> - Si rende conto che ci troviamo in un deserto?
> - No – disse Angel. – In un deserto vero non ci sono ferrovie[287],

eppure l'uomo ha voluto portare le sue istituzioni anche laddove è naturale che non ci fossero, dove non ci sono padroni, e Amadis ne è la metafora:

> - Non siamo più nel deserto – osservò ironicamente Amadis. – Quando mai si è vista una ferrovia nel deserto?[288]

Si può notare allora quanto valga ciò che dice sempre Lefebvre:

> «[...] non esistono da una parte lo spazio globale (concepito) e dall'altra lo spazio frammentato (vissuto) come ci può essere qui un bicchiere intatto e lì un bicchiere o uno specchio rotto. Lo spazio 'è' allo stesso tempo totale e

---

[285] B. Wesphal, *Geocritica. Reale Finzione Spazio*, op. cit., pp. 58-59.
[286] B. Vian, *L'autunno a Pechino*, op. cit., p. 193.
[287] Ivi, p. 197.
[288] Ivi, p. 271.

rotto, globale e fratturato. Ugualmente è allo stesso tempo concepito, percepito e vissuto».[289]

Questo perché all'uomo compete la marcazione del territorio, la fissazione di capisaldi d'orientamento, secondo una dialettica di deterritorializzazione (D)-riterritorializzazione, così come la hanno individuata i soliti Deleuze e Guattari:

> «In primo luogo, il territorio stesso è inseparabile dai vettori di deterritorializzazione che lo lavorano dall'interno [...]. In secondo luogo, la D è a sua volta inseparabile dalle riterritorializzazioni correlative. La D non è mai semplice, ma sempre molteplice e composta [...]. Ora la riterritorializzazione come operazione originale non esprime un ritorno al territorio, ma a questi rapporti differenziali interni alla D stessa, questa molteplicità interna alla linea di fuga [...]. Infine la terra non è affatto il contrario della D [...]. Al punto che la D può venir chiamata creatrice della terra – una nuova terra, un universo, e non più soltanto una riterritorializzazione».[290]

Questa tensione connaturata alla *forma mentis* del pensiero umano, il quale, non potendo cogliere l'infinto, conosce mediante frammenti, è anche ben riflessa nei *passaggi* che l'autore inserisce ne *L'autunno a Pechino* a raccordo dei fili della storia. Questi sono il luogo d'elezione dell'autore, della scrittura che dà vita a spazi chiusi, limitati:

> Il romanzo postmoderno, come la poesia, ha cominciato a "spaziare". A questo proposito si parla spesso di un'estetica del frammento.[291]

Questi passaggi, in effetti, nella struttura dell'opera, non sono altro che raccordi, nello spazio assoluto del romanzo e, al contempo, punti contingenti, astratti dal contesto e per questo fondanti lo stesso. Queste premesse non possono che condurre all'analisi di quello che

---

[289] B. Westphal, *Geocritica. Reale Finzione Spazio*, op. cit., p. 59.
[290] Ivi, p. 77.
[291] Ivi, p. 34.

mi pare sia il più emblematico: l'ultimo, posto a sigillo del libro, dopo la distruzione di quanto era stato costruito fino a quel momento, causa terremoto;

> Poco tempo dopo, il Consiglio di Amministrazione ha tenuto una seduta. Su insistenza del presidente Ursus de Janpolent, che ha dato lettura di una missiva di Antenne Pernot, è stato deciso di inviare in Exopotamia un'équipe di tecnici e di personale esecutivo per studiare la possibilità di costruirvi una ferrovia a scartamento normale, con percorso diverso dal precedente onde evitare l'increscioso incidente che ha segnato la fine dei primi lavori [...]. La composizione della spedizione sarà dunque la seguente: una segretaria, due ingegneri, due elementi esecutivi e tre autisti di camion. Considerate le speciali proprietà del sole in Exopotamia, e vista la natura del suolo, c'è il rischio che si producano fenomeni eccezionali; bisogna inoltre tener conto del fatto che in Exopotamia ci sono già un archeologo e i suoi aiutanti, un eremita, una negra, e l'abate Petitjean, che deve fare le sue ispezioni a un bel po' di eremiti. Il personale esecutivo porta con sé le rispettive famiglie. Data la complessità dell'insieme, e nonostante l'esperienza acquisita, è veramente impossibile prevedere, e ancor più immaginare, quello che potrà loro succedere. È inutile tentare di descriverlo, perché si può concepire di tutto.[292]

Basterà accostare al passo citato le osservazioni condotte in questo proposito dalla teoria geocritica per accorgersi di quanto sia coerente un'interpretazione in questo senso; si osserva infatti come

> Le linee di fuga innescano una deterritorializzazione. E il territorio, smosso dall'energia che lo deterritorializza, è subordinato a una riterritorializzazione provvisoria che sfocerà in un'ulteriore deterritorializzazione ecc. [...]. Da parte sua, la deterritorializzazione è assoluta se porta al nuovo ed è relativa quando finisce per riannodarsi alla

---

[292] B. Vian, *L'autunno a Pechino*, op. cit., p. 319.

tradizione, anche se il territorio, come le acque del fiume di Eraclito, non avrà mai due volte la stessa natura.[293]

La linea di fuga figurata nella storia è dunque l'essenza stessa del deserto, concentratasi nella forza distruttrice del terremoto che ha fatto saltare ogni tipo di sistema che si era tentato di ancorare alla sabbia. Siamo dunque al cospetto di una deterrorializzazione, che però, come Vian stesso ci informa, andrà incontro ad una nuova territorializzazione, una nuova costruzione per mano umana. Probabilmente ci saranno eventi inaspettati, combinazioni apparentemente fortuite che condurranno ad un nuovo punto di rottura il quale ri-innescherà il meccanismo di deterritoriallizzazione: questa è la legge del deserto, insita nel territorio. La storia si ripete, i personaggi sono gli stessi eppur diversi, ci troviamo davanti ad un'evoluzione che fonda la sua stessa giustificazione nella certezza della ripetizione.

Mi pare anche che il movimento di deterritorializzazione e territorializzazione possa essere intravisto nell'alternanza delle bande di luce ed ombra, tratto distintivo del paesaggio dell'Exopotamia. Infatti, l'impresa dell'uomo (appunto la territorializzazione) colpisce solo le zone luminose, mentre lo spazio delle tenebre pare esser completamente precluso a questi, inaccessibile, pena la morte. L'uomo nella deterritorializzazione si perde, non può vivere, traccia paralleli e meridiani, senza rendersi conto che ciò metterà in modo il processo della trasgressione.

> La trasgressione è una caratteristica dei sistemi fondati sull'omogeneità e sull'unicità, i quali esprimono limiti espliciti e stabili che possono essere sfidati. Essa cambia natura all'interno di sistemi eterogenei e multipli che ingenerano le loro stesse scappatoie. La trasgressione, infatti, è difficilmente immaginabile in un insieme in cui l'uscita dal codice rappresenti un'opzione, un insieme percepito come territorio offerto alla deterritorializzazione, all'escapismo. Come dicono Deleuze e Guattari, un simile

---

[293] B. Wesphal, *Geocritica. Reale Finzione Spazio*, op. cit., p. 76.

territorio «prende qualcosa a tutti gli ambienti, sconfina su di essi, li incorpora (benché resti fragile di fronte alle intrusioni)».[294]

Ricordiamo subito come il termine trasgredire derivi dal latino *transgredi* che, essendo composto dal prefisso "trans" (al di là, attraverso) e dal verbo "ire" (andare), in origine era strettamente correlato alla spazialità. Presso i romani si trasgrediva quando si oltrepassava un confine o un fiume, quando insomma si varcavano dei limiti arbitrari o naturali. Ovviamente la trasgressione non può che essere costitutiva di uno spazio altamente striato, dal momento che il concetto di limite non sussiste nemmeno in uno spazio liscio. Per dirla con François Hartog, si può affermare che:

«trasgredire significa uscire per hybris dal *proprio* spazio per entrare in uno spazio straniero».[295]

A questo punto ritorna alla memoria la scritta posta sulla soglia della porta dell'inferno dantesco:

'Per me si va ne la città dolente,/per me si va ne l'etterno dolore,/per me si va tra la perduta gente./Giustizia mosse il mio alto fattore;/fecemi la divina podestate,/la somma sapïenza e 'l primo amore./Dinanzi a me non fuor cose create/se non etterne, e io etterno duro./Lasciate ogne speranza, voi ch'intrate'.

Pure in Dante la porta segna un *limen*, appunto un confine tra il mondo dei vivi e quello dei morti, varcato il quale egli trasgredisce la legge dell'umano dacché gli è permesso di entrare ancora in vita nell'aldilà. Ecco che il concetto di trasgressione si collega a quello di effrazione del codice, dal momento che ogni limite invoca il suo superamento.

La trasgressione presuppone uno spazio fortemente striato e una volontà di penetrare altrove che l'apparato dello stato

---

[294] Ivi, p. 75.
[295] Ivi, p. 63.

(e qui riprendiamo evidentemente Deleuze e Guattari) qualifica come effrazione in atto[296].

Si evince da queste considerazioni come il rapporto che regola la relazione tra spazi striati e spazi lisci sia lo stesso che presiede alla dialettica del troppo pieno-troppo vuoto. Si vogliano vedere, nel caso specifico de *L'autunno a Pechino*, come spazi pieni quelli illuminati e come spazi vuoti quelli conosciuti soltanto alle tenebre. Non abbiamo alcuna informazione riguardo la zona d'ombra, visto che tutti coloro che ci si sono addentrati non ne hanno mai fatto ritorno. Trattasi di uno spazio liscio fino alle estreme conseguenze, dove appunto non c'è *spazio* per l'uomo.

> La trasgressività postmoderna corrisponde infatti, sul piano spaziale, al caos creatore dei greci. Dopo tutto, *Caos* era anche il nome dell'*incarnazione* del caos. Aveva (auto)generato due figli: *Erebos*, il buio assoluto, e *Nox*, la Notte, che ebbe a sua volta due bambini: *Aether*, «l'Etere», la luminosità, e *Hemera*, il «Giorno».[297]

La trasgressività come caos, si diceva, come passaggio dallo stato di *Erebos*, ovvero da uno spazio liscio a quello di *Aether*, dove invece tutto è stato minuziosamente striato; in uno ci si perde, nell'altro si soffoca; all'uomo non rimane che trasgredire, rimettendosi, almeno per la durata della sua azione, nelle mani del caos originario. Ecco dunque che in questa contrapposizione lo spazio oscuro diviene, in rapporto allo spazio umano, il territorio dell'origine e del primitivo, un non-*luogo* (dove luogo mantiene l'accezione che ne hanno fornito Deleuze e Guattari), piuttosto che anti-*luogo*, dal momento che, come si è visto, pure questo è soggetto ad un territorializzazione, qualora la trasgressione, insediatasi nella tradizione, si faccia trasgressività. Jean-Pierre Vernant parla a questo proposito di *Beanza*, di un vuoto, di un'apertura senza ostacoli, che ben si riconduce alla definizione di spazio liscio:

---

[296] Ivi, p. 64.
[297] Ivi, p. 82.

«Che cos'è la *Beanza*? È un vuoto, un vuoto oscuro nel quale nulla può essere distinto. Uno spazio di caduta, di vertigine e di confusione, senza termine, senza fondo. Si è afferrati dalla Beanza come dallo spalancarsi di un'immensa bocca dove tutto viene inghiottito in una stessa notte indistinta. In origine, dunque, vi era solo questa Beanza, abisso cieco, notturno, illimitato».[298]

La trasgressione appare dunque consustanziata allo spazio, dacché l'uomo ha iniziato a riempire i vuoti mediante la scrittura, compilando cartine geografiche sempre più dettagliate: al tempo di Dante non era dato sapere cosa si celasse al di là delle fatidiche Colonne d'Ercole, ora, al contrario, non esiste una letteratura che non sia geograficamente connotata. In tutto questo marasma di scoperte e di esplorazioni una zona franca deve pur rimanere, una speranza per l'uomo ci deve pur essere: ecco che interviene la trasgressione. Mi pare che nei romanzi di Boris Vian siano collocati precisi esempi di trasgressione, ad iniziare da Angel, ne *L'autunno a Pechino*. L'irruzione di questi nella zona d'ombra corrisponde al superamento del limite luminoso posto dallo strano sole dell'Exopotamia, al di qua del quale gli uomini hanno ormai affermato il proprio dominio. La scena viene descritta nel paragrafo II del *Secondo movimento* e illustra gli effetti che questa incursione provoca nel protagonista:

> Camminò lentamente. Aveva freddo, il cuore gli batteva più forte. Si frugò in tasca, prese i fiammiferi e ne strofinò uno contro la scatola. Ebbe l'impressione che si accendesse, ma il buio rimase totale. Un po' spaventato, mollò il fiammifero e si sfregò gli occhi. Di nuovo, con molta attenzione, sfregò la capocchia di fosforo contro la superficie rugosa della scatola. Si udì il sibilo del fiammifero che prendeva fuoco. Si rimise la scatola nella tasca sinistra e, a tentoni, avvicinò l'indice libero alla sottile scheggia di legno. Lo ritirò svelto per non scottarsi e lasciò cadere il secondo fiammifero [...].Si fermò di nuovo. Sentiva il sangue circolare più

---

[298] Ivi, p. 113

veloce nelle vene e aveva le mani gelate. Si sedette; doveva calmarsi; si mise le mani sotto le ascelle per riscaldarle. Aspettò. Il cuore cominciava a battergli un po' meno forte. Conservava nelle membra l'impressione dei movimenti eseguiti dopo essere entrato nella zona nera.[299]

Nel buio l'umano e i suoi strumenti non hanno alcun valore, un fiammifero non può nulla contro il vuoto assoluto. Cosa è la zona nera se non uno spazio liscio originale? E cosa è il gesto di Angel se non una trasgressione in piena regola? Ci viene detto che il cuore del protagonista batte più velocemente, che il sangue gli scorre nelle vene a ritmo accelerato; trattasi di esaltazione per il superamento di un limite che si credeva invalicabile, dunque per la consapevolezza di aver compiuto impunemente un atto contro la regola. Le ultime battute del capitolo ci dicono che Angel si sentiva al contempo "tranquillo e triste"[300] e viene allora spontaneo chiedersi se per caso la mestizia non derivi dal fatto di essere ritornato al sole, di essere rientrato in un mondo codificato. Altro esempio di trasgressione è poi la fuga di Angelo dal villaggio de *Lo strappacuore*. Già Deleuze e Guattari ci avevano informato di come esistano spazi lisci per loro natura: il mare, il deserto e la banchisa. Angelo si sente costretto nel proprio ruolo di padre rifiutato, si sente estraneo ai riti del villaggio, alle prassi di tortura e di sfruttamento sentiti come norma morale codificata e allora decide di evadere, di andarsene sulla sua imbarcazione, abbandonando il mondo degli uomini per abbracciare quello del vuoto. Non è detto ciò che gli avverrà, probabilmente troverà la morte, ma non per questo saranno meno morti di lui tutti gli abitanti del villaggio, da sempre *immobili* in un tempo sospeso, in uno spazio chiuso al di fuori dell'evoluzione. Questo destino coglierà persino Giacomorto, all'indomani della morte de La Gloïre, allorché si accingerà a prendere il suo posto sul ruscello delle vergogne.

Ma che cosa volevo sondare, che cosa volevo sapere – perché cercare di essere come loro – senza pregiudizi, è

---

[299] B. Vian, *L'autunno a Pechino*, op. cit., p. 180.
[300] *Ibid*.

proprio necessario che alla fine debba portare a questo, solo a questo?[301]

Giacomorto è un vuoto, lo dice pure la sua carta d'identità, il tentativo di riempirsi con il conformismo è ormai naufragato, come Angelo; come per il deserto, ciò che nasce deterritorializzato deve rimanere tale, la territorializzazione non è che temporanea, le forze mobili iscritte nella natura o l'atto trasgressivo lo deterritorializzaranno di nuovo.

> La casa. Il giardino. Dietro, la scogliera e il mare. E dov'è finito Angelo, si domandò, dove se n'è andato su quello strumento incerto che ballava in mezzo all'acqua?
> Lasciando dietro di sé il cancello d'oro, Giacomorto discese la strada della scogliera e raggiunse la spiaggia, e i ciottoli umidi, odorosi di fresco, con la loro frangia di schiuma fine.[302]

Assistiamo ad un climax di espansione crescente, in cui dai luoghi arriviamo agli spazi: la casa come estremo di massima chiusura, il mare come spazio liscio per antonomasia. E al mare perverrà Giacomorto, chiudendo alle sue spalle il simbolico cancello d'oro, emblema di un mondo per lui straniero, cui non è mai veramente appartenuto. Come da lui, la dimensione del villaggio è stata trasgredita da Angelo e La Gloïre, non a caso gli unici personaggi che hanno contatti diretti con le acque. Pure i tre gemelli possono essere visti come realizzanti l'atto trasgressivo. Infatti, quando si accorgono che il loro giardino è stato contornato da un infrangibile muro del nulla, Noël afferma:

> [...] «ma non c'è più nient'altro? Non c'è altro che il cielo?».[303]

Questa affermazione si ricollega direttamente ad una delle ultime scene del libro, che vede Giacomorto passeggiare sulla battigia e i bambini correre a perdifiato sulla ripida scogliera a picco sul mare:

---

[301] B. Vian, *Lo strappacuore*, op. cit., p. 228.
[302] Ivi, p. 229.
[303] Ivi, p. 214.

Gridare – e rischiare di farli cadere. Non potevano vedere la frattura che lui, dalla sua posizone, poteva distinguere.

Troppo tardi. Citroën l'affrontò per primo. Giacomorto gemette, i suoi pugni erano bianchi bianchi. I bambini girarono la testa verso di lui, lo videro. E poi, lanciatisi nel vuoto, descrissero una curva stretta e gli si andarono a posare a fianco, cinguettando e ridendo come rondini di un mese.

«Ehi, zio Giacomorto, ci hai visti?» disse Citroën. «Però non lo dirai a nessuno».

«Giocavamo a far finta di non saper volare» disse Noël.[304]

I bambini hanno imparato a volare, ora possono librarsi oltre la siepe costituita dal muro intorno alla casa. E il lettore sospettava già che essi avessero acquisito questa magica dote, dal momento che, durante il loro giochi in giardino, essi trovano delle lumache blu, le quali hanno la proprietà di conferire, a chi le ingerisce, la capacità di volare:

> Era un bel sasso giallo con delle fenditure lucenti, che Citroën leccò per vedere se era buono come sembrava. Quasi. C'era un po' di terra che cricchiava sotto i denti. Una lumachina, pure lei gialla. Citroën guardò. «Questa qua» disse «non è di quelle buone. Puoi anche mangiarla, ma non è di quelle buone. Sono le blu che ti fanno volare».[305]

A questo punto qualcosa di straordinario accade, i fratelli trovano il luogo dove si nascondono le lumachine blu; il confine è superato, nulla può più contenere la loro forza trasgressiva:

> Inghiottì la lumaca blu e si alzò [...]. Adesso bisognava volare. Joël distese le braccia, deciso, agitò le mani. Citroën l'aveva detto.[306]

Ora però la storia prende una piega inaspettata. Una volta superato il cancello d'oro e il muro del niente, i bambini vengono costretti da

---

[304] Ivi, pp. 229-230.
[305] Ivi, p. 171.
[306] Ivi, p. 185.

Clementina all'interno dell'abitazione, rinchiusi in tre gabbie, secondo un movimento claustrofobico di restringimento e di chiusura. La riga che chiude il romanzo recita:

Il vento passava tra le sbarre.[307]

Vian evoca quindi la possibilità che qualcosa possa pur fuoriuscire dalla forza aggregatrice dello spazio striato, che ci sia dunque un moto di andata e ritorno: una trasgressione. Ora non mi pare azzardato affermare che Vian, in questa maniera, insinui l'allusione al fatto che pure i bambini siano in grado di evadere dalla loro prigione. Sparso nelle pagine precedenti della storia troviamo un passaggio che legittima quest'interpretazione:

[...] Citroën alzò il dito.
«So anche un'altra cosa!» disse, sentenzioso. «Quando troveremo delle pulci da pelliccia, dovremo farci mordere tre volte».
«E allora?» domandò Noël
«Allora» disse Citroën «potremmo diventare tanto piccoli quanto vorremo».
«E passare sotto le porte?»
«Naturalmente, anche sotto le porte» disse Citroën. «Potremo diventare piccoli come le pulci».[308]

La vicenda ricalca quella di Alice nel paese delle Meraviglie, il momento il cui la fanciulla tenta di evadere dalla stanza ma è impossibilitata dall'uscio troppo stretto. La forza trasgressiva sembra per un momento arrestarsi, ma alla fine ci sarà via d'uscita:

Alice allora aprì la porticina: essa dava su un piccolo corridoio, non più grande della tana d'un topo. S'inginocchiò e, in fondo al corridoio, vide il più bel giardino che si possa immaginare. Allora le venne voglia di uscire da quella stanza oscura e passeggiare fra quelle aiuole fiorite, fra quelle fresche fontane. Ma attraverso quel buco non poteva passare nemmeno la sua testa.

---

[307] Ivi, p. 239.
[308] Ivi, p. 234.

"E anche se ci passasse la testa", pensava la povera Alice "a che mi servirebbe senza le spalle? Dovrei essere capace di ritirarmi come un telescopio! Forse ci riuscirei, se sapessi da dove cominciare".

Infatti, come voi sapete, le erano ormai successe tante cose straordinarie che Alice cominciava sul serio a credere che per lei non ci fossero cose impossibili.

Ora però era inutile restare ad aspettare davanti a quella porticina; perciò Alice tornò verso la tavola di vetro con la speranza di trovarci un'altra chiave o almeno un libro che insegnasse il modo d'accorciare la gente alla maniera dei telescopi. Invece trovò una bottiglietta (Alice era certa che prima non c'era) con sopra un cartello che diceva "BEVIMI" in caratteri di stampa grandi e belli [...].Ad ogni modo, su quella bottiglia non c'era scritto "veleno", perciò Alice si azzardò ad assaggiarla e la trovò molto buona. Il sapore e l'odore avevano qualcosa che ricordava la torta di ciliege, la crema, l'ananasso, il tacchino arrosto, il croccante e i crostini caldi imburrati. Naturalmente la bevve tutta.

"Che strana sensazione!" disse Alice. "Sembra che mi stia accorciando, come un telescopio".

Era proprio così. Adesso Alice era alta non più di venti centimetri.

Il suo volto s'illuminò al pensiero che quella era proprio la statura che ci voleva per passare dalla porticina e arrivare in quel magnifico giardino.[309]

Come Alice i tre gemelli sono diventati piccoli, si sono ristretti, ed allora vediamo come sia facile e possibile per loro attraversare le sbarre della limitazione imposta: la trasgressione è salva e salvifica.

Lo sguardo trasgressivo è costantemente diretto verso un orizzonte che emancipi dal codice e dal territorio che funge da "campo" di applicazione dell'orizzonte stesso (l'istanza, la circoscrizione ecc.). Ma la trasgressione risiede anche

---

[309] L. Carroll, *Alice: le avventure di Alice nel paese delle meraviglie & attraverso lo specchio e quello che Alice vi trovò*, Longanesi & C, Milano, 1971, pp. 10-11.

nello scarto, nella traiettoria nuova, imprevista e imprevedibile. È centrifuga perché fugge dal cuore del sistema, dallo spazio di riferimento.[310]

Nelle pagine di Vian tutto ciò che è normalmente stabile e stabilito è costantemente rimesso in discussione in ogni pagina; questo vale per il discorso, ma è vero anche per lo spazio e per il tempo, come afferma Jean Coluzet:

A la suite de Vian et ses héros, nous sautons à pieds joints d'un lieu à un autre, apparemment sans logique, pour aborder là où, à la fin du voyage, il s'avère que nous devions être conduits. L'espace n'est plus clôturé. D'ailleurs il ne peut pas l'être puisque son créateur a désiré que ses limites oscillent sans trêve, à la recherche d'une ligne d'équilibre qui n'est jamais atteinte et ne doit jamais l'être sous peine de voir s'évanouir ses propriétés évolutives.[311]

Mi pare opportuno nominare nuovamente Deleuze e Guattari per il loro contributo apportato nella definizione di questo nuovo tipo di spazialità, sintetizzato nella figura del rizoma, e che, inevitabilmente, investe persino la temporalità:

Il territorio rizomatico è privo di ogni stabilità nel tempo; allo stesso modo anche la sua spazialità è mutevole, sfuggente. È percorso da linee di fuga che provocano al suo interno una rottura "asignificante" e alimentano una dinamica dell'imprevisto, dell'impermanenza che investe il territorio nel suo complesso.[312]

Una trasgressione che oltre ad invadere lo spazio scavalca pure le barriere del tempo: tale assunto trova dimostrazione nella storia di Wolf, narrata ne *L'erba rossa*. Wolf, il prigioniero di una città onirica dove cresce una sinistra erba rossa; ora, il mistero dell'erba rossa trova una spiegazione ne *La guerra dei mondi* di Wells, per il quale Vian non ha mai taciuto la propria ammirazione, allorché

---

[310] B. Wesphal, *Geocritica. Reale Finzione Spazio*, op. cit., p. 70.
[311] J. Clouzet, *Boris Vian*, Pierre Seghers éditeur, Paris, 1966, p. 42.
[312] B. Wesphal, *Geocritica. Reale Finzione Spazio*, op. cit., p. 76.

l'autore ci informa che questa è stata l'unica tipologia di vegetazione in grado di competere con le specie terrestri. Ci troviamo in un luogo limitrofo, a cavallo tra due mondi e abbiamo un Altrove che lo giustifica.[313] La sua macchina per esplorare il tempo permette quindi un'oscillazione non soltanto sul piano spaziale, ma pure su quello temporale, muovendosi egli nei propri ricordi, nella struttura della sua memoria. Ecco che il tempo diventa tragicizzato, rapportato alla parabola personale del protagonista, come già Joyce aveva insegnato. Il tempo del romanzo è dunque quello del ritorno nel presente, lo spazio quello dell'ubiquità:

> Il postmoderno nutre un'ontologia dell'incertezza radicale dotata, tuttavia, di principi, in un regime di ubiquità totale. In seconda battuta, esso si distingue per il fatto di essere nato sulle ceneri fumanti dei grandi conflitti novecenteschi, e in particolar modo della Seconda guerra mondiale, e sulle macerie cacofoniche dell'unità di linguaggio e rappresentazione, la cui crisi è stata rilevata e analizzata da Wittgenstein e dai suoi successori. L'implosione dell'armonia, fondata su una percezione che si voleva "oggettiva" (e quindi positivista) ma che nel profondo era in realtà ideologica, ha lasciato campo aperto alla soggettività e alla molteplicità dei discorsi, aumentando vertiginosamente il tasso della confusione.[314]

Wolf, semplicemente varcando la soglia della sua macchina, attraversa gli anni, pur restando all'interno dell'abitacolo; da qui si crea una compenetrazione di dimensioni che investe e cancella la normale percezione spazio-temporale: siamo ormai nel mondo della non-esclusione e della coesistenza di ogni cosa. Il viaggio senza spostamento e la stratificazione temporale sono denunciati apertamente alla fine del romanzo, nel momento in cui viene narrato l'epilogo di Wolf:

---

[313] Cfr. J. Aboucaya, *A propos de L'herbe rouge*, in N. Arnaud (direzione di), *Boris Vian de A à Z*, in "Obliques: littérature, théâtre", op. cit., p. 139.
[314] B. Wesphal, *Geocritica. Reale Finzione Spazio*, op. cit., pp. 9-10.

In quel momento, raggiunse la cima della parete rocciosa e, come in sogno, sentì sotto le dita il freddo della gabbia d'acciaio e la sferzata del vento che gli tagliava la faccia. Nudo nell'aria gelida, tremava e batteva i denti. Sotto una raffica più violenta, rischiò di lasciare la presa.

«Quando lo vorrò io...» borbottò a denti stretti. «Son sempre riuscito a resistere ai miei desideri...»

Aprì le mani, il volto si rilassò e i muscoli si distesero.

«Ma io muoio per averli esauriti...»

Il vento lo strappò dalla gabbia e il suo corpo turbinò nell'aria.[315]

Wolf si trova al contempo all'interno della sua macchina e sulla cresta dello strapiombo, è qui e Altrove, e conferma di ciò è l'evento della sua morte, avvenuta e nelle spiagge della sua vita e nel suo mondo "reale". Ciò mi pare una formulazione del concetto di *entropia*, così come l'ha denominato Michel Foucault, termine con cui si designa l'intersezione di uno spazio macroscopico (dominio dello Stato) con uno intimo (dominio del soggetto). Partendo da questo caposaldo la geocritica osserva che:

> È eterotopico ogni "contro-sito" in cui i siti reali sono rappresentati, contestati, rovesciati. L'eterotopia foucaldiana è quello spazio che la letteratura investe in qualità di "laboratorio del possibile", di sperimentatrice dello spazio integrale che si svolge sia nel campo del reale che ai suoi margini. L'eterotopia permette all'individuo di giustapporre in un unico luogo spazi diversi, anche quando a priori questi siano incompatibili. L'eterotopia, infatti, funziona secondo un doppio principio di apertura e chiusura che rende questi spazi contemporaneamente isolabili e accessibili.[316]

Lo spazio della memoria è isolato dal luogo della vita, eppure Wolf riesce a raggiungerlo in qualsiasi momento ne ha voglia: basta trasgredire il tempo.

---

[315] B. Vian, *L'erba rossa*, Milano, Marcos y Marcos, 1999, p. 145.
[316] B. Wesphal, *Geocritica. Reale Finzione Spazio*, op. cit., p. 92.

La deformazione temporale coinvolge persino *La schiuma dei giorni*, ove le quattro stagioni confluiscono nel medesimo istante:

> Erano sulla strada buona, liscia, screziata di riflessi fotogenici, fiancheggiata ai due lati da alberi perfettamente cilindrici, con l'erba verde, il sole, i campi con le mucche, staccionate tarlate, siepi fiorite, tante mele sui meli e mucchietti di foglie morte, un po' di neve qua e là per variare il paesaggio, e poi palme, mimose e pini del Nord nel giardino dell'albergo, e un ragazzino arruffato coi capelli rossi che guidava due pecore e un cane ubriaco. Da una parte della strada c'era vento, e dall'altra no. Potevi scegliere quello che ti piaceva.[317]

Il profumo della primavera, i campi luminosi dell'estate e il legno che si secca al sole, le foglie che cadono sui cigli delle strade e il gelo dell'inverno, tutto insieme: un anno in un momento. Dopo la malattia di Chloé il tempo si accelera, corre verso la tragedia finale, e Nicolas ne è una vittima:

> Alise guardò Nicolas e aggiunse: «Tu non stai bene».
> «Mah!» disse Nicolas «Non lo so. Mi sembra di stare invecchiando».
> «Fammi vedere il tuo passaporto» disse Alise.
> Nicolas si mise a frugare nella tasca interna, dove teneva la pistola.
> «Eccolo» disse.
> Alise aprì il passaporto e impallidì.
> «Quanti anni avevi prima?» domandò a bassa voce.
> «Ventinove...» disse Nicolas.
> «Guarda un po' qua...»
> Nicolas fece il conto. Risultava trentacinque.
> «Non capisco» disse.
> «Ci deve essere uno sbaglio» disse Alise. «Non dimostri più di ventinove anni».
> «Anzi, sembrava che ne avessi ventuno» disse Nicolas [...].

---

[317] B. Vian, *La schiuma dei giorni*, op. cit., p. 105.

«Ma che cosa succede qui?» disse Alise pensierosa.

«Oh!» disse Nicolas. «È tutta colpa di questa malattia. Ci coinvolge un po' tutti. Quando sarà passata anch'io tornerò giovane».[318]

Il tempo non è più struttura, ma si fa significante, si plasma al soggetto, si elasticizza. Una strana commistione temporale si ha pure ne *Lo strappacuore*; qui le coordinate temporali che l'uomo utilizza per scandire il tempo denunciano la loro *impasse* irrimediabile. I mesi si susseguono mescolandosi gli uni negli altri, non iniziano e non finiscono, continuano: così da maggio passiamo a giuglio, marzuglio, aprosto e febbrugno, fino ad arrivare a ottembre, nobbraio e diaciarzo. Ma è ne *L'autunno a Pechino* che la dimensione temporale si annulla definitivamente, piegandosi su se stessa. Qui domina la legge dell'eterno ritorno, dell'uguale eppur diverso, il tempo ciclico e non lineare o orientato quale lo voleva la concezione hegelo-marxista;

> [...] on a ici affaire à un temps non linéaire, mais qui n'est pas non plus strictement répétitif. Les séries d'événement s'y présenteraient comme des stratifications où trouverait place un jeu indomable et imprévisible du Même et de l'Autre.[319]

Non abbiamo che il deserto, nel suo ripetersi, con le sue storie, sempre le stesse eppure così diverse. La dimensione è quella dell'a-temporalità su cui l'uomo non tenta nemmeno di intervenire, perché tanto non ha alcun tipo di potere. Ciò che è avvenuto una volta può ripetersi mille altre volte, nuovamente, senza replicarsi, poiché ciò che ritorna è il ritorno in senso assoluto, non la sua contingenza. Ne consegue un vuoto, una *dis*-funzione nello scorrere del tempo comunemente inteso.

> Ainsi, non seulement les horloges détraquées empêchent de situer les événements dans le temps mais des glissements

[318] Ivi, p. 165.

[319] G. Durozoi, *Narration finie et fiction interminabile dans L'automne a Pékin*, in AA. VV., *Boris Vian: Colloque de Cerisy*, direzione di N. Arnaud e H. Baudin, vol. I, op. cit., p. 253.

du récit premier à de fausse analepses et prolepses court-circuitent l'action principale. Les notions de temps communément admises sont bouleversées. L'action, s'il en reste une, n'est pas située dans le temps car le texte ne fournit aucun repère et les analepses et prolepses ne servent qu'à rendre le « présent » encore plus impénétrable. Le récit ne reconnaît pas le déroulement normal de la durée, mais il travaille sur l'instantanéité. Une durée plate, sans passé et sans avenir, qui convertit la temporalité en spacialité. L'idée d'un temps fécond est abolie, et il s'agit bien d'une U-chronie, au sens étymologique. Il ne reste plus que le l'espace, le désert où se déroule l'action.[320]

Se siamo posti al cospetto di queste insanabili lacune nel tempo, dove non c'è posto né per il passato né per il futuro, ci si chiede da dove provengano i personaggi dei romanzi. La risposta si trova nella domanda stessa: essi provengono dai romanzi. Si ricordi come l'intertestualità sia fondamentale ad ogni approccio di tipo geocritico e, da questo assioma, si può notare come i romanzi di Vian siano attraversati da una fortissima intertestualità interna, da richiami esplicitati mediante "personaggi-ponte". Partendo da *La schiuma dei giorni* il professor Mangemanche approda ne *L'autunno a Pechino*, ove lo si sente persino alludere alla morte di una sua paziente: Chloé;

> - Lo faccio apposta – rispose Mangemanche. - Per vendicarmi. Da quando è morta Chloé.[321]

Pure Nicolas, il fido cuoco di Colin, attento studioso delle ricette di Gouffé, entrerà nello spazio del discorso de *L'autunno a Pechino*, allorché viene citato come autore del libro *La vita di Jules Gouffé* che Mangemanche è intento a leggere.[322] Dupont, il cane barboncino di Isis[323], arriva da *La schiuma dei giorni* sino a *L'erba rossa*, dove

---

[320] D. Goossens, *A propos de L'automne a Pékin: le désert, les cailloux et les lions,* in ivi, p. 313.

[321] B. Vian, *L'autunno a Pechino*, op. cit., p. 113.

[322] Cfr. ivi, p. 111.

[323] Cfr. B. Vian, *La schiuma dei giorni*, op. cit., p. 35.

diventa un uomo, il Senatore Dupont, abbassatosi al livello canino che, una volta trovato l'oggetto del suo desiderio (uno uapiti), deciderà di regredire allo stato vegetativo, forse memore della propria vita precedente:

> Il Senatore fece un ultimo sforzo.
> «Sentite,» disse «avrò un ultimo sprazzo di lucidità. Sono contento. Capite? È una contentezza integrale, dunque vegetativa, e queste sono le mie ultime parole. Riprendo contatto con... torno alle origini... dal momento che sono vivo e che non desidero più nulla, non ho più bisogno di essere intelligente. Aggiungo che avrei dovuto cominciare da qui».
> Si leccò il naso golosamente e produsse un suono incongruo.[324]

In ultima analisi, è bene sottolineare come Giacomorto sia il prolungamento della vita di Wolf, la possibilità dell'ultimo, poi fallita, di rifondare il proprio essere e la propria identità dopo averli cancellati mediante la macchina per attraversare il tempo. Alla sua morte gli occhi di Wolf erano vuoti, e vuoto è ciò che sta scritto nella carta d'identità di Giacomorto, dal momento che, come questi ci dice, è nato così:

> Nulla era potuto rimanere nei suoi occhi sbarrati. Erano vuoti[325];

> «Psichiatra. Vuoto. Da riempire. È stampato così».[326]

L'identificazione è poi suggerita dal ritorno ne *Lo strappacuore* della Casa bianca, già presente ne *L'ebra rossa*, ove era posta a simbolo dell'infanzia di Wolf:

> Appena Giacomorto passò fra i due blocchi scuri, la Casa si rivelò tutt'intera, bianchissima, circondata da alberi inconsueti[327];

---

[324] B. Vian, *L'erba rossa*, op. cit., p. 107.
[325] Ivi, p. 148.
[326] B. Vian, *Lo strappacuore*, op. cit., p. 27.

«Era una grande casa» disse. «Una casa bianca. Non mi ricordo bene l'inizio, rivedo la faccia dei domestici. Al mattino, andavo spesso nel letto dei miei genitori, e davanti a me, di tanto in tanto, mio padre e mia madre si baciavano sulla bocca e quello non mi piaceva proprio».[328]

I personaggi tracciano dunque dei percorsi, dei tragitti tesi a creare una molteplicità di punti di fuga, ad espandere l'universo piuttosto che a inquadrarlo in linee guida. Il realismo è ormai *altro*-ve, Vian non ammette altro che la realtà della sua scrittura.

[327] Ivi, p. 11.
[328] B. Vian, *L'erba rossa*, op. cit., p. 59.

Bibliografia

Opere e scritti di Boris Vian

B. Vian, *Vercoquin et le plancton*, Gallimard, Paris, 1946

B. Vian, *Sartre et la merde*, in "La Rue", 12 Luglio 1946

B. Vian, *L'écume des jours*, Gallimard, Paris, 1947

B. Vian (i. e. Vernon Sullivan), *J'irai cracher sur vos tombes*, Éditions du Scorpion, Paris, 1947

B. Vian, *Les morts ont tous la même peau*, Édition du Scorpion, Paris, 1947

B. Vian, *L'automne a Pékin*, Éditions du Scorpion, Paris, 1947

B. Vian, *Barnum's Digest : poésie*, Aux deux menteurs, Paris, 1948

B. Vian, *Cantilènes en gelée*, Rougerie, Paris, 1950

B. Vian, *L'arrache-cœur*, avant-propos de Raymond Queneau, Vrille, Paris, 1953

B. Vian, *Approche indirecte de l'object*, "in Dossier 12 du collège de 'Pataphysique", Paris, 1960

B. Vian, *L'herbe rouge: roman; Les lurettes fourrées: nouvelles inédites*, Pauvert, Paris, 1962

B. Vian, *Je voudrais pas crever*, Pauvert, Paris, 1962

B. Vian, *Les fourmis*, Eric Losfeld éditeur, Paris 1965

B. Vian (i. e. Vernon Sullivan), *Elles ne se rendent pas compte*, Le terrain vague, Paris, 1965

B. Vian (i. e. Vernon Sullivan), *Et on tuera tous les affreux*, Le terrain vague, Paris, 1965

B. Vian, *Théâtre: Les bâtisseur d'empire; Le goûter des généraux, L'équarrissage pour tous*, Pauvert, Paris, 1965

B. Vian, *Textes et chansons*, Juliard, Paris, 1966

B. Vian, *En avant la zizique. . . et par ici les gros sous*, La jeune parque, Paris, 1966

B. Vian, *Trouble dans les Andains : roman inedit*, La jeune parque, Paris, 1966

B. Vian, *Chroniques de jazz*, La jeune parque, Paris, 1967

B. Vian, *Boris Vian en verve, mots, propos, aphorismes*, a cura di N. Arnaud, Pierre Horay, Paris, 1970

B. Vian, *La chevalier de neige*, Bourgois, Paris, 1974

B. Vian, *Manuel de Saint-Germain-des-Près*, Chêne, Paris, 1974

B. Vian, *Traité du civisme*, Christian Bourgois, Paris, 1979

B. Vian, *Cinema science-fiction*, Bourgois, Paris, 1980

B. Vian, *Jazz Hot; Combat*, Bourgois, Paris, 1981

B. Vian, *La belle époque: variétés*, Bourgois, Paris, 1982

B. Vian, *Cents sonnets: poésie*, Bourgois, Paris, 1984

B. Vian, *Qu'est-ce que la'Pataphysique?,* in "Magazine littéraire", n° 320, Avril 1994, pp. 95-104

B. Vian, *Écrits pornographiques*, Livre de Poche, Paris, 1998

B. Vian, *Le loup-garou et autres nouvelles*, Livre de Poche, Paris, 1999

B. Vian, *Blues pour un chat noir et autres nouvelles*, Livre de Poche, Paris, 2002

B. Vian, *Conte de fées à l'usage des moyennes personnes*, Livre de Poche, Paris, 2002

B. Vian, *Le ratichon baigneur et autres nouvelles inédites*, Bourgois, Paris, 2005

Edizioni italiane delle opere di Boris Vian

B. Vian, (i. e. Vernon Sullivan), *Esse non si rendono conto*, Contra, Milano, 1966

B. Vian, (i. e. Vernon Sullivan), *E uccideremo tutti i racchioni*, Contra, Milano, 1966

B. Vian, *Teatro: Tutti al macello; L'Ultimo dei mestieri; Generali a merenda; Tesa di medusa; I costruttori di imperi*, Einaudi, Torino, 1978

B. Vian (i. e. Vernon Sullivan), *Sputerò sulle vostre tombe*, Milano, Mondadori, 1979

B. Vian, *Cinema e fantascienza*, Il formichiere, Milano, 1980

B. Vian, (i. e. Vernon Sullivan), *Perché non sanno quello che fanno*, Marcos y Marcos, Milano, 1992

B. Vian, *La schiuma dei giorni*, Marcos y Marcos, Milano, 1992

B. Vian (i. e. Vernon Sullivan), *E tutti i mostri saranno uccisi*, Milano, Marcos y Marcos, 1993

B. Vian, *Lo strappacuore*, Marcos y Marcos, Milano, 1993

B. Vian, *Il lupo mannaro*, Marcos y Marcos, Milano, 1994

B. Vian, *Blues per un gatto nero*, Milano, Marcos y Marcos, 1997

B. Vian, *La Parigi degli esistenzialisti; Manuale di Saint-Germain-des-Prés*, Editori Riuniti, Roma, 1998

B. Vian, *L'autunno a Pechino*, Sellerio, Palermo, 1999

B. Vian, *L'erba rossa*, Milano, Marcos y Marcos, 1999

B. Vian, (i. e. Vernon Sullivan), *Tutti i morti hanno la stessa pelle*, Milano, Marcos y Marcos, 1999

B. Vian, *Jazz! (rassegna stramba)*, Nuovi equilibri, Viterbo, 2003

B. Vian, *Il prete bagnante e altri racconti inediti*, Nuovi equilibri, Viterbo, 2006

B. Vian, *Favole per gente comune*, Nuovi equilibri, Viterbo, 2007

B. Vian, *Scritti pornografici*, :Duepunti edizioni, Palermo, 2007

B. Vian, *Non vorrei crepare; Je voudrais pas crever*, GAM editrice, Rudiano (BS), 2008

Bibliografia critica su Boris Vian

D. Grojnowski, *L'univers de Boris Vian*, in "Critique", n° 212, Gennaio 1956, pp. 17-28

J. Clouzet, *Boris Vian*, Pierre Seghers éditeur, Paris, 1966

Henri Baudin, *Boris Vian: La poursuite de la vie totale*, Éditions du Centurion, Paris, 1966

M. Rybalka, *Boris Vian: essai d'interprétation et de documentation*, Lettres modernes, Paris, 1969

N. Arnaud, *Les vies parallèles de Boris Vian*, Union générale d'éditions, Paris, 1970

P. Gaillard, *Le mal: de Blaise Pascal a Boris Vian*, Bordas, Paris, 1971

M. Fauré, *Les vies posthumes de Boris Vian*, Union générale d'éditions, Paris, 1975

G. Pestureau, *Boris Vian, les amerlauds et les godons*, Union générale d'éditions, Paris, 1975

M. Gauthier, *L'écume des jours: profil d'une œuvre*, Editions Hatier, Paris, 1975

N. Arnaud (direzione di), *Boris Vian de A à Z*, in "Obliques: littérature, théâtre", n° 8-9, numéro spécial, 1976

AA. VV., *Boris Vian: Colloque de Cerisy*, direzione di N. Arnaud e H. Baudin, 23 juillet-2 aout 1976, vol. I, II, Union générale d'éditions, Paris, 1977

A. Costes, *Lecture plurielle de l'écume des jours*, Union générale d'éditions, Paris, 1979

M.T. Russo, *L'arrache-cœur: una po-etica della devianza*, in "Quaderno dell'istituto di lingue", n° 12, facoltà di "Lettere e Filosofia" di Palermo, 1980, pp. 31-91

A. Jarry, *De la représentation de la mort à la pulsion de mort: "L'écume des jours" de Boris Vian*, in "Psychanalyse à l'Université", vol. 7, n° 27, 1982, pp. 385-406

J. Duchateau, *Boris Vian, ou les faceties du destin*, La Table Ronde, Paris, 1982

C. J. Stivale, *Desire, duplicity and narratology: Boris Vian's L'écume des jours*, in "Studies in 20th century literature", vol. 17, n° 2, summer 1993, pp. 326-348

J. K. L. Scott, *From dreams to despair: an integrated reading of the novels of Boris Vian*, Editions Rodopi, Amsterdam, 1998

F. Richaud, *Boris Vian: c'est joli de vivre*, Editions du Chêne, Paris, 1999

A. C. Rolls, *The flight of the angels: intertextuality in four novels by Boris Vian*, Rodopi, Amsterdam, 1999

M. C. Charras; M. Landi, *I quattro romanzi "americani" di Boris Vian: problemi della traduzione in italiano*, Alinea editrice, Città di Castello (PG), 2006

M. C. Charras; M. Landi, *L'écume des jours di Boris Vian, problem della traduzione in italiano*, Alinea editrice, Città di Castello (PG), 2009

Sitografia su Boris Vian

Boris Vian; site officiel: http://www.borisvian.org

Boris Vian: http://borisvian.over-blog.com

Discographie de Boris Vian en images: http://www.devianlazizique.com

La repubblica. Boris Vian; Così demolì quel mostro sacro di Sartre:
http://ricerca.repubblica.it/repubblica/archivio/repubblica/2009/0
7/28/boris-vian-cosi-demoli-quel-mostro-sacro. html

La repubblica. Quella Parigi ormai sparita:
http://ricerca.repubblica.it/repubblica/archivio/repubblica/2010/0
4/15/quella-parigi-ormai-sparita. html

Il corriere della sera. Jarry, il padre di Ubu re che anticipò il
Surrealismo:
http://archiviostorico.corriere.it/2001/aprile/21/Jarry_padre_Ubu
_che_anticipo_co_0_0104211100.shtml

Altre opere

C. Baudelaire, *Œuvres posthumes*, Société du mercure de France,
Paris, 1908

C. Baudelaire, *I fiori del male*, Garzanti, Milano, 1975

S. de Beauvoir, *La force des choses*, Gallimard, Paris, 1963

S. de Beauvoir, *Memorie di una ragazza per bene*, Einaudi, Torino,
1984

S. de Beauvoir, *L'età forte*, Einaudi, Torino, 1995

J. L. Borges, *Il libro di sabbia*, Adelphi, Milano, 2004

D. Buzzati, *Sessanta racconti*, Mondadori, Milano, 1958

A. Camus, *Lo straniero*, Bompiani, Milano, 1963

L. Carroll, *Alice: le avventure di Alice nel paese delle meraviglie & attraverso lo specchio e quello che Alice vi trovò*, Longanesi & C, Milano, 1971

L. F. Céline, *Viaggio al termine della notte*, Corbaccio, Milano, 1992

G. Flaubert, *Bouvard e Pécuchet*, Einaudi, Torino, 1982

M. Heidegger, *Essere e tempo*, Longanesi, Milano, 1970

M. Heidegger, *L'arte e lo spazio*, Il Melangolo, Genova, 1998

A. Jarry, *Ubu re: dramma in cinque atti*, edizione Cavallino, Venezia, 1945

A. Jarry, *Gesta e opinioni del dottor Faustroll, patafisico*, Adelphi, Milano, 1984

P.P. Pasolini, *Lettere luterane*, Garzanti, Milano, 2009

R. Queneau, *Zazie nel metrò*, Einaudi, Torino, 1960

A. Rimbaud, *Poesie*, traduzione di D. Bellezza, Garzanti, Milano, 1977

R. Roussel, *Locus Solus; Come ho scritto alcuni dei miei libri*, Einaudi, Torino, 1965

J. P. Sartre, *Les chemins de la liberté*, Gallimard, Paris, 1945

J. P. Sartre, *Le mosche-Porta chiusa*, Bompiani, Milano, 1947

J. P. Sarte, *La nausea*, Einaudi, Torino, 1948

J. P. Sartre, *Sartre par lui-même*, a cura di F. Jeanson, Aux Editions du Seuil, Paris, 1955

J. P. Sartre, *Il muro*, Mondadori, Milano, 1957

J. P. Sartre, *Che cos'è la letteratura?*, Il Saggiatore, Milano, 1960

J. P. Sartre, *Critica della ragione dialettica*, Il Saggiatore, Milano, 1963

J. P. Sartre, *Colonialisme et néo-colonialisme*, Gallimard, Paris, 1964

J. P. Sartre, *La trascendenza dell'Ego*, Berisio, Napoli, 1966

J. P. Sartre, *L'esistenzialismo è un umanismo*, Mursia, Milano, 1966

J. P. Sartre, *Immagine e conoscenza: psicologia fenomenologica dell'immaginazione*, Einaudi, Torino, 1976

J. P. Sartre, *L'idiota della famiglia: Gustave Flaubert dal 1821 al 185*, Il Saggiatore, Milano, 1977

J. P. Sartre, *Materialismo e rivoluzione*, Il Saggiatore, Milano, 1977

J. P. Sartre, *Teoria degli insiemi pratici*, Il Saggiatore, Milano, 1990

J. P. Sartre, *Verità e esistenza*, Il Saggiatore, Milano, 1991

J. P. Sartre, *L'essere e il nulla*, Il Saggiatore, Milano, 2002

J. P. Sartre, *La liberté cartésienne: dialogo sul libero arbitrio*, C. Marinotti, Milano, 2007

J. P. Sartre, *La responsabilità dello scrittore*, Archinto, Milano, 2012

P. Valery, *Cattivi pensieri*, Adelphi, Milano, 2006

H. G. Wells, *La visita meravigliosa*, L'Argonauta, Latina, 1986

Testi metodologici, filosofici e di sussidio

E. Filippini, *L'emergenza dell'immaginario e la struttura della coscienza in Sartre*, in "Aut Aut", n° 51, Maggio 1959, pp. 157-168

C. Bo, *Il romanziere e il mondo vischioso*, in "Aut Aut", n° 51, Maggio 1959, pp. 169-179

G. Morpurgo Tagliabue, *Estetica ed etica in Sartre*, in "Aut Aut", n° 51, Maggio 1959, pp. 195-203

G. Morpurgo Tagliabue, *Estetica ed etica in Sartre*, in "Aut Aut", n° 52, Luglio 1959, pp. 254-164

U. Giacomini, Il *problema del linguaggio nella seconda « Ricerca filosofica » di Wittgenstein*, in "Aut Aut", n° 69, Maggio 1962, pp. 238-244

L. Wittgenstein, *Tractatus logico-philosophicus e Quaderni 1914-1916*, Einaudi, Torino, 1964

S. Kierkegaard, *Il concetto dell'angoscia; La malattia mortale*, Sansoni, Firenze, 1965

C. Mauron, *Dalle metafore ossessive al mito personale: introduzione alla psicocritica*, Il Saggiatore, Milano, 1966

F. Nietzsche, *Il caso Wagner; Crepuscolo degli idoli; L'anticristo; Scelta di frammenti postumi: 1887-1888*, Mondadori, Milano, 1975

AA. VV., *La semantica generale*, a cura di M. Baldini, Città nuova, Roma, 1976

W. Mauro, *Sartre*, Mursia, Milano, 1976

A. Korzybski, *La struttura; La capacità di astrarre*, in AA. VV., *La semantica generale*, a cura di M. Baldini, Città nuova, Roma, 1976

C. G. Jung, *Gli archetipi dell'inconscio collettivo*, Boringhieri, Torino, 1977

R. Barthes, *Frammenti di un discorso amoroso*, Einaudi, Torino, 1979

R. Barthes, *L'impero dei segni*, Einaudi, Torino, 1984

L. Wittgenstein, *Osservazioni sui colori*, Einaudi, Torino, 1981

R. Rutelli, *Il desiderio del diverso: saggio sul doppio*, Liguori, Napoli, 1984

L. Anceschi, *Che cos'è la poesia?*, Zanichelli, Bologna, 1986

N. Abbagnano, *Scritti esistenzialisti*, UTET, Torino, 1988

M. Raymond, *De Baudelaire au surréalisme*, Librairie José Corti, Paris, 1989

C. G. Jung, *Mysterium coniunctionis*, in Id. *Opere*, vol. XXIV, tomi I, II, Boringhieri, Torino, 1990

S. Freud, *Saggi sull'arte, la letteratura e il linguaggio*, Bollati Boringhieri, Torino, 1991

J. Risset, *La letteratura e il suo doppio: sul metodo critico di Giovanni Macchia*, Rizzoli, Milano, 1991

G. Macchia, *La letteratura francese. Il Novecento*, Biblioteca Universale Rizzoli, Milano, 1992

N. Abbagnano, *Storia della filosofia*, UTET, Torino, 1993

L. Pirandello, *L'umorismo e altri saggi*, Giunti, Firenze, 1994

G. Macchia, *Il mito di Parigi*, Einaudi, Torino, 1995

AA. VV. *Guida a Wittgenstein*, a cura di D. Marconi, Laterza, Roma, 1997

E. W. Said, *Cultura e imperialismo*, Gamberetti, Roma, 1998

M. Fusillo, *L'altro e lo stesso. Teoria e storia del doppio*, La Nuova Italia, Scandicci (FI), 1998

G. Fornero; S. Tassinari, *Le filosofie del Novecento*, Mondadori, Milano, 2002

J. Lacan, *Scritti*, Einaudi, Torino, 2002

H. Miller, *Il tempo degli assassini*, Se, Milano, 2004

S. Freud, *II perturbante*, L'espresso, Roma, 2006

G. Iacoli, *La percezione narrativa dello spazio. Teorie e rappresentazioni contemporanee*, Carocci, Roma, 2008

E. Baj, *La Patafisica*, Abscondita, Milano, 2009

B. Westphal, *Geocritica. Reale Finzione Spazio*, Armando, Roma, 2009

C. G. Jung, *L'uomo e i suoi simboli*, TEA, Milano, 2009

Indice

www.ingramcontent.com/pod-product-compliance
Lightning Source LLC
Chambersburg PA
CBHW060421260626
47161CB00005B/1722